전주 한옥마을 다시보기 1

전주
한옥마을
다시보기 1

1판 1쇄 펴낸날 2016년 11월 30일

글 이종근
사진 오세림

펴낸이 서채윤 펴낸곳 채륜
책만듦이 김승민 책꾸밈이 이현진

등록 2007년 6월 25일(제2009-11호)
주소 서울시 광진구 자양로 214, 2층(구의동)
대표전화 02-465-4650 팩스 02-6080-0707
E-mail book@chaeryun.com Homepage www.chaeryun.com

책값은 뒤표지에 있습니다.
ISBN 979-11-85401-24-9 04910
ISBN 979-11-85401-23-2 (세트)

이 도서의 국립중앙도서관 출판예정도서목록(CIP)은 서지정보유통지원시스템 홈페이지 (http://seoji.nl.go.kr)와 국
가자료공동목록시스템(http://www.nl.go.kr/kolisnet)에서 이용하실 수 있습니다. (CIP제어번호 : CIP2016027041)

채륜서(인문), 앤길(사회), 띠움(예술)은 채륜(학술)에 뿌리를 두고 자란 가지입니다.
물과 햇빛이 되어주시면 편하게 쉴 수 있는 그늘을 만들어 드리겠습니다.

1

글 이종근
사진 오세림

전주 한옥마을 다시보기

그대의 그늘에
천년의 세월조차 쉬어가나니

채륜서

여기는 '온ON고을' 전주입니다

여기는 '온ON고을' 전주입니다. 그대여, 오목대 아래 전주공예품전시관에서 당신 꼭 닮은 옥색 한지를 샀습니다.

내 맘 가득 담은 종이 위에 물길 트이고 소슬한 바람도 살랑살랑. 고향의 골목이 사라진 지금.

삶이 속살거리는 전주 한옥마을에 사부작사부작, 싸드락싸드락, 싸목싸목 이것저것 해찰하며 걷는 마실에, 보무步武도 당당堂堂해 3대 바람통(일찍이 전주엔 세 곳의 바람 길목 또는 바람이 시원하게 부는 곳으로 좁은목, 초록바위, 숲정이 등 3대 바람통을 지나면 등골이 아주 시원했다고 함)이 소통을 얘기하라십니다.

꼭두새벽, 살포시 내려앉는 이슬에 놀라 부스스 깨어나는 이목대의 애기똥풀처럼 구김살 없이 살았으면 참 좋겠습니다.

경기전의 대나무, 비바람에 찢겨져 흩어지느니 차라리 목을 꺾는 비장함 전주 사람들의 선비정신인가요.

밤이면 태조로의 밤을 수놓는 청사초롱 하나둘씩 불을 밝혀 반짝반짝. 댓잎 사이로 산산이 부서지는 아침 햇살이 눈부실 정도로 황홀한 내 심사.

코발트색 하늘 아래로 빨강 물감 짠듯 부서지는 아침 햇살, 태조 이성계의 영정 하도 지엄해서 국내 유일의 국보 문화재랍니다.

수원백씨의 '학인당' 솟을대문 시나브로 밀치고 들어서면 싸리비 자국 고운 마당 살째기 목례.

댓돌 위 신발, 선비 금재 최병심선생인가요, 그 정갈함 더욱 더해지는데 굴뚝 연기, 이곳에선 하루만 날려도 세월 천년이십니다.

처마 훑고 지나가는 바람에 울리는 승암사의 풍경 소리, 누구를 위한 울림입니까.

은행로와 노송천 '또랑또랑' 실개천 따라 아기자기하게 늘어선 집들마다 역사의 향기가 있고, 5미6감 찾아 숨바꼭질하며, 매일매일 푸진 잔칫상 차려놓습니다.

하지만 먼 옛날의 또랑새비(또랑새우)가 사라진 까닭에 한정식의 토하젓으로 대신하며, 이강주 한 잔 술에 '기린토월麒麟吐月(완산8경의 하나로, 전주의 주봉인 기린봉에 보름달이 떠오르는 모습을 마치 기린봉이 달을 토해 낸다 해서 부르는 이름)' 흥건히 넘치십니다.

오목대 앞, 지붕 기왓골을 앉았던 햇살이 저만치 사라집니다.

미동에도 꿈쩍하지 않는 것은 오로지 소담스런 산벚꽃 구름. 승암산을 휘감고 무리 지어 송두리째 내려앉은 듯 형형색색 꽃대궐을 이루었나니.

왕도王都 견훤의 한을 품어서인가요, '부성삼화府城三花(승암산의 진달래꽃, 다가산의 입하 무렵의 꽃, 덕진연못의 연꽃)' 진달래꽃에 검붉은 기운 서려 있어라.

전주향교의 만고풍상 겪은 소나무 한 그루, 온몸에 잔설을 두른 채 아름다이 피어났습니다. 칼바람을 잘도 이겨낸 그대. 높은 가지의 눈가루, 소리없는 메아리로 영롱한 빛 뽐내며 이리저리 흩날립니다.

곤지산의 맑은 공기에 샤워를 함 때문인가요, 얼굴에 와닿은 생기, 기쁨으로 노래하라. 설화雪花(눈꽃)는 가까이 더 가까이 다가와 이제, 세상은 온통 우리 모두의 것이라 재잘거립니다.

그러나 어찌 하랴. 천년을 살아도 사군자의 호칭을 얻지 못하지만 군소리 한마디 내뱉는 소리 없음에 건재하는 당신. 한 마리의 학, 서서학동에서 날아와 깃들 터이지만 그 풍경, 어머니처럼 정겹고 살풋합니다.

더딘 걸음, 살금살금 당신에게로 다가갑니다. 그대의 그늘에 기나긴 세월조차 쉬어가나니.

모진 고초에도 꺾이지 않는 늘 푸르름, 풀어헤칠 이 그 누구인가요. 말하노니, 세상이 어찌 돌아가든지 내 맘에 천사를 품고 즐겁게 살아보잡니다.

졸지에 소슬한 바람이 전동성당 담장을 너머 불어옵니다. 바로 건너편 가을볕이 내려 앉은 경기전 뜨락에서 아이들은 고사리 같은 손을 맞잡고 재잘거립니다. 당신 닮은 쟁반 같은 둥근달이 솟아오르면 마음도 덩달아 만월처럼 풍성합니다.

키 낮은 처마 이마를 맞댄 양, 어깨를 겨누듯 포개진 정겨운 골목 전주최부잣집 꽃담 너머로 두둥실 들리는 소리문화관의 가얏고 소리, 적이 남고모종南固暮鐘(완산8경 남고사의 은은한 종소리)을 기약합니다.

이윽고 동락원의 안마당 장독대에 잠자리 놀러올 제, 온고을 쥘 부채 하나 손에 쥐고 고샅에서 당신을 기다립니다. 지금 여기는 한국인의 천년 고향, 세계인들의 여관 '온ON고을' 전주입니다.

전주 한옥마을은 이제 국민관광지이며, 일본 여성들이 가장 많이 찾고 싶은 국내 제일의 관광도시입니다. 바로 얼마 전에는 국내 여행지순위에서 1위를 차지하는 기염을 토하고 있는 등 연간 1,000만 명이 찾는 부동의 내륙 관광 1번지로 자리를 굳히고 있지만 빈약한 문화콘텐츠에 대한 비판도 적지 않습니다.

우울한 얘기로 들릴지는 모르지만, 한옥마을을 한 번 다녀간 관광객은 '두 번은 올 곳이 못된다'고 손사래 치고 있기도 합니다. 전통문화기반이 빈약한데다 바가지 상혼과 토종 먹거리가 발붙이지 못하게 하는 등 허접한 콘텐츠 때문같습니다.

더욱이 전주 경기전과 어진박물관, 학인당 등을 제외하면 문화재 활용도가 거의 전무하다시피해 관광객 및 전주시민에게 충분한 볼거리를 제공하지 못하고 있지 않나요. 조선 태조 어진은 진본이 아니어서 생생함이 떨어지고, 풍남문은 해태가 건물 안에 자리하고 있지만 언제나 문이 닫혀 있어 볼 수가 없는 현실이기 때문입니다.

전동성당사제관은 수원 방화수류정과 함께 '십+'자형 전통 꽃담을 볼 수 있는 곳이지만 홍보가 안돼 그냥 스쳐 지나가기가 일쑤입니다. 또, 오목대는 건물 앞에 빨간 소화기가 그대로 드러나 관람의 효과를 반감시키고 있는가 하면 전주 풍패지관(객사) 주변은 쓰레기 더미로 인해 정비가 필요해 보입니다.

한국은 물론 지역의 정체성을 대표하는 역사적 산물임에도 불구, 내재된 고유의 가치와 의미를 새롭게 발견하고 재창조하는 과정이 결여된 만큼 전주시 차원의 대책 마련이 절실합니다.

일례로, 전동성당은 영화 〈약속〉 촬영 당시 박신양과 전도연이 결혼식을 올리면서 반지를 주고받은 연인들의 언약의 장소로, 혼례식의 장소로 사용해 봄직합니다.

이와 함께 경기전 앞 하마비 앞에서는 사자 그려보기, 전동성당사제관에서는 십+자 꽃담 만들어보기, 경기전 진전의 거북이 탑본해보기, 전주 풍패지관 앞에서는 붓글씨 써보기, 중국인 포목 상점과 관련해서는 좋은 옷 고르는 방법 배워보기, 오목대에서는 황산대첩 재현 행사 등을 가져보면 어떨까요.

저는 대학교 시절 전주향교 동재에서 다람쥐들과 발을 맞추며 한문 공부를 했습니다. 이때 본 사람이 금재 최병심 선생의 문하생 엄명섭 옹이었습니다. 또 오늘날 뜨고 있는 승암마을의 친구 자취집에서 소주잔을 기울였는가 하면 한옥마을이 아닌, 초장기의 고전문학번역원(민추) 전주분원에서 어렵사리 은사인 김성환 교수께 한문을 배웠습니다. 하지만 이제는 한옥마을에 자리를 하고 있어 또랑또랑한 글 읽는 소리가 나오고 있으니 얼마나 다행입니까.

또, 1990년 초에 금재를 모신 옥동사와 그의 묘를 돌아보았으며, 문화부 초임 기자 때는 옥류동에서 명필 이삼만이 쓴 것으로 전해지는 암각서를 불도저로 걷어내는 작업에 참여하면서 땅속의 글씨를 보았습니다.

어느 가을날, 경기전에서 낙엽을 밟으면서 백일장에 나아가 산문으로 가작을 수상한 날이 새록새록 떠오르는 오늘입니다.

그리고 대문을 열어주지 않는 승광재 옆 최부잣집을 여러 차례 들어가 며느리의 이름이 유모니카라는 사실도 알게 됐으며, 전동성당의 종과 풍남문, 조경묘 등은 개방이 안되는데도 불구하고 참 어렵게 들어갈 수 있었습니다. 그리고 전킨 선교사의 묘가 예수병원 선교사 묘역에 있다는 것을 알고 찾아가 십자성호를 긋기도 했습니다.

어디 그뿐이던가요. 문창시절인 1980년대엔 매년 경기전의 백일장에 참여해 문학강연을 듣고 한 차례 상을 받기도 했으며, 1997년 11월엔 투병중인 소설가 최명희를 만나 전북대 삼성문화관 2층 쏘렌토에서 차를 한잔 하면서 애지중지 아끼던 만년필로 사인을 받기도 했습니다. 전북예술회관 예藝다방서 언젠가는 탁광선생을 만나《전북영화이면사》를 선물받고 1950년대의 전주는 한국 영화의 메카로 자리한 곳이라는 사실을 알게 됐는가 하면 2015년 작고한 하반영 화백은 장인과 눈이 펑펑내리던 날, 미원탑 인근에서 술잔을 기울였으므로 저에게 "자네가 내 아들과 다르지 않네"라는 말을 종종 듣곤 했습니다.

매년 두 차례에 걸쳐 전주향교에서 열리는 공자의 제사(석전대제)에 참여하기도 했으며, 친구 안교준이 한문을 배웠던 엄해주 선생(금재 최병심으로부터 한학을 배운 엄명섭의 아들)이 서당에서 글 읽는 소리가 지금도 귓전을 울립니다. 또 몇해 전 별세한 풍남문지기 정종실 씨의 모습도 잊혀지지 않고 있습니다.

《전주 천변 이야기》를 펴낸 전 전주문화원 송영상 부원장의 옛이야기 등은 물론이거니와 고인이 된 작촌 조병희, 유장우, 조규화, 이복수, 전영환, 이기반 씨 등과 생존해 지금도 활동하고 있는 선화작가 은금상을 비롯, 이인철, 이치백, 최승범, 김남곤, 서재균, 이용엽, 김진돈, 신정일씨 등 무수히 많은 사람들의 이야기를 들어오면서 그렇게 지낸 지 30여 년의 세월을 거쳐 이제야 한옥마을 책자를 발간하게 됐습니다.

그동안 5,000여 회에 걸쳐 한옥마을을 방문하고, 또 전주 관련 책자 거의 모두를 모두 구비한 가운데 무수히 많은 사람들을 만난 결과, 한 번도 거의 소개되지 않은 한옥마을의 종, 꽃담, 효자, 다리, 하마비, 우물(어정), 장독대, 굴뚝, 금표, 땅이름, 종교, 문화재, 나무 이야기, 부르지 않는 전주의 노래, 호남제일성의 고누, 바위, 풍수, 문학, 영화, 비석, 실개천 등 콘텐츠를 통해 전주의 역사와 교훈, 그리고 오늘날 어떤 의미를 지닌가에 초점을 두어 생명력과 가치를 더했으며, 해외번역 출판을 염두해 두고 책을 기획했습니다.

양동이나 하회마을은 역사성에 기반을 두어 나름의 성공을 거뒀지만 전주 한옥마을은 이미지만을 생산하고 소비할 수밖에 없는 곳이라고 곧잘 말합니다.

전통 찻집 다문의 박시도 대표는 장사가 안 돼 영업을 계속해야 할지 고민 중이라고 합니다. 꼬치를 굽은 연기가 집으로 차고도 넘쳐 평온한 일상을 할 수 없다고 항변합니다.

20여 년 동안 문화전문 기자로 활동하면서 보고, 듣고, 느끼고 체험한 이곳이 참 많이 변했습니다. 이 책 한 권을 어렵지 않게, 누구라도 가볍게 보면서 이제, 전주 한옥마을은 외관과 이미지만 있을 뿐 스토리가 없다는 말을 듣지 않는다면 얼마나 좋을까요?

발품을 팔고 책자를 보고 또 오류를 바로잡은 가운데 칙칙한 냄새가 나지 않도록 일례로 이삼만과 장독대 등 한옥마을이 오늘날에 갖는 의미를 다뤘습니다.

원래 전라감영 자리, 전주부의 자리가 지금은 어디인가, 왜 효자동인가, 다가공원의 비석은 언제 지금의 자리로 옮겼는가, 또 바로 옆 천양정의 주련에 걸린 15개를 번역, 한글로 소개하는 등 나름대로 노력한 덕분에 복원이 상당 부문 완료됐습니다.

지금 복원중인 전라감영의 핵심 건물 가운데 처음으로 공개되기도 합니다. 전킨 선교사와 금재 최병심 묘소 등을 수시로 찾아간 가운데 한옥마을의 완산종, 전동성당, 서문교회, 낙수정 동종, 남고모종 등 종 스토리를 처음으로 공개합니다.

한옥마을의 가장 오래된 종은 1915년에 만든 전동성당의 종, 가장 오래된 샘은 학인당의 것으로, 250여 년의 역사를 자랑하며, 가장 오래된 굴뚝은 1926년에 만든 전동성당사제관이며, 전동성당 입구의 천주교 전동교회의 문패는 백담 백종희 선생이 1985년 해성중학교 3학년 재학 중에 썼다는 사실을 알게 됐습니다.

김승수 전주시장이 마음을 듬뿍 담아 추천의 글까지 보내주었군요.

제가 서있는 곳은 바로 전통과 현대가 서로 교차하는 전주 최부잣집 꽃담 앞 담장입니다. 지금은 매일 그냥 스쳐지나가던 한옥마을의 거리를 새롭게 보는 가운데 그 모습이 어떤지 전주시민들과 관광객들이 스스로 묻고 그 대답을 해야 할 바로 그 때입니다.

진정한 전주의 전통은 교과서를 외우는 것에 있지 않고 마음을 읽는 데서 살아나는 것이 아닌가 생각되는 오늘에서는.

남문의 완산 종소리, 은은하게 울려퍼지는 오늘이소서. 내일이소서.

2016년 가을
이종근

추천사

후백제의 수도이자 조선왕조의 발상지로서, 전주는 왕의 도시라는 칭호와 함께 찬란한 역사의 시간을 간직해온 곳입니다. 더불어 평등을 내세우며 외세에 맞서 민족 주권을 지키려 했던 조선 후기 동학농민혁명이 꽃을 피운 민의 도시이기도 합니다. 이러한 다양성을 기반으로 전주에는 한식, 한지, 판소리, 한춤, 전통공예 등의 다양한 전통문화 자산들이 우리네 생활 속에 자연스럽게 녹아져 있습니다.

전주는 전통문화에 대한 남다른 애착과 관심을 바탕으로 전통문화의 보존과 계승에 심혈을 기울인 결과, 한국의 원형을 가장 잘 보전하고 있는 전통문화도시로 인정받고 있습니다. 이를 반영하듯 전주는 한국인이 가장 가고 싶은 내륙관광지 1위, 일본인이 방문하고 싶은 도시 1위에 선정되었습니다.

또한 2007년부터 2026년까지 20년 장기계획으로 추진 중인 전주 전통문화도시 조성사업의 성과로, 2014년 기준 한옥마을을 찾은 관광객이 592만 명에 이르는 등 전주는 대한민국 전통문화관광특별시로 눈부신 발전을 이루어가고 있습니다.

지금부터 여러분과 만나게 될 이 책은 전주가 가지고 있는 다양한 문화자산을 바탕으로 그의 이야기들을 알기 쉽고 정감있게 풀어내고 있습니다. 여기에는 우리 생활 속에 위치하고 있으면서도 쉽게 지나칠 수 있는 꽃담, 다리, 종, 하마비, 샘물, 장독대, 굴뚝, 금표, 효자, 나무 이야기 등 다양한 소재들을 중심으로 전주의 아름다움과 정, 그리고 오롯이 지켜온 전통문화의 정수가 담겨져 있습니다.

전주의 전통문화가 소중한 까닭은 그 안에 담긴 고유의 가치 때문입니다. 전통문화라는 것은 단지 한번 스치고 지나가는 일회성 관광 상품이 아닙니다. 나무 하나, 지붕 하나, 담장 하나, 구술되어 온 이야기 등 우리와 함께 부대끼며 생활하고 있는, 하나하나가 오늘의 우리를 있게 한 정신적 가치이자 숨결이 묻어있는 소중한 유물들입니다. 그러기에 우리는 이것들을 고집스럽게 지켜가야 합니다.

우리의 문화유산은 잘 보존하고 가꾸어 고스란히 후세에 전승하여야 할 소중한 전통입니다. 그리고 그 가치는 공동체 모두가 공유함으로써 일상에서 함께 누릴 수 있어야 합니다. 이 책을 통해 우리 모두가 전주의 전통문화의 가치를 이해하는 한편, 이를 바라보는 우리들의 마음에 높은 자긍심을 심어주는 계기가 되었으면 합니다.

끝으로 출간에 이르기까지 전주에 대한 깊은 애정과 높은 식견을 바탕으로 혼신의 정열을 다해 주신 이종근 작가님께 감사드리며, 다시 한번 출간을 진심으로 축하드립니다.

2016년 11월
김승수 전주시장

차 례

하늘땅 별땅,
한옥마을 달따러 가요

주민들이 만드는 강강술래축제

소슬한 바람이 전주향교 담장을 너머 불어옵니다. 가을볕이 살포시 내려 앉은 뜨락에서 아이들은 고사리 같은 손을 맞잡고 재잘거립니다. 하늘에 쟁반 같은 둥근달이 솟아오르면 이내 마음도 덩달아 만월처럼 풍성합니다. 고단한 삶을 뒤로한 채 지나온 이야기와 함께 도란도란 속 삭이고 싶은 날이 한가위, 바로 오늘입니다.

최명희의 수필 〈한가위 언저리〉는 이렇게 시작됩니다.

한여름에 물들인 봉숭아의 붉은 꽃물이 손톱 끝으로 조금씩 밀려나 가 반달이 되고 있을 때, 백로를 넘긴 달빛은 이슬에 씻긴 듯 차고 맑 게 넘치면서 점점 둥글어져, 어린 마음을 더욱 설레게 하였다. 하루에

도 몇 번씩이나 달력을 들여다보며 날짜를 짚어보고, 다시 손가락을
꼬부려 꼽아보면서, 몇 밤을 자고나도 또 몇 밤이 그대로 남아 있어
애가 타던 명절, 추석

한가위 즈음이면, 집집마다 부지런히 빨래를 하는 통에 낮에는 간짓
대로 받쳐 놓은 빨랫줄에 눈부신 옷가지가 나부끼고, 밤에는 그것들을
손질하여 다듬는 다듬이 소리들이 달빛 아래 참으로 낭랑했습니다. 세
상 살아가는 이야기로 까만 밤을 하얗게 지새우면서 고샅으로 나가고
픈, 한가위. 당신의 한을 가위로 자르라는 날이런가요. '달달한 날'이
되라고 해서 '달아달아 밝은달아'라고 말한 것은 아닐까요?

한가위 보름달은 동네 뒷동산에서 떠오르든 도시 빌딩숲에서 태어
나든 숨이 멎을 정도로 아름답습니다. 그래서 이해인 수녀는 〈보름달
에게〉를 노래했습니다.

세상에 이렇듯
흠도 티도 없는 아름다움이 있음을
비로소 너를 보고 안다
달이여

예로부터 전주의 선비들은 만월滿月의 정기를 곤지산 망월望月터에
서 받아냈습니다. 완산8경 중 으뜸 풍광은 기린토월麒麟吐月이지요. '동
으로 비껴 솟은 기린의 상麒麟之像 정수리에 아름다운 옥거울인가. 수
정 같이 맑고 시원한 달은 휘영청 솟아올라 완산부성을 밝혔다'는 뜻

입니다.

기린麒麟은 '키가 큰 동물'을 일컫습니다. 또한 '재주와 지혜가 뛰어난 젊은이'를 가리키는 '기린아麒麟兒'라는 말에도 인용됩니다. 그래서 기린은 '성군聖君이 이 세상에 나올 전조로 나타난다'는 상서로운 상상의 동물을 뜻하기도 했습니다. 이를 의미하는 기린봉은 전주시 덕진구 인후동과 덕진구 우아동, 완산구 남노송동 일원에 있으며 높이 271m입니다.

기린봉은 예부터 전주에서 손꼽히는 대표적인 산이며, 오늘날에도 여전히 전주시민에게 상서로움의 산을 상징합니다. 기린토월 달맞이 의례는 매우 중요한 부분일 수 있습니다. 일례로, 올림픽 성화 봉송을 그리스 아테네에서 받아오듯이, 그리고 정월대보름행사 시발始發을 마을 노거수나 마을 공동 우물터에서 의례 후 진행되는 것처럼 말입니다.

매년 추석 때면 한옥마을에선 풍년제과의 초코파이처럼 달콤한 축제가 열립니다. 한옥마을 강강술래 판이 일회성이 아닌, 해마다 전승되는 다원적 민속놀이로 승화하겠다는 의도가 깃들어 있습니다. 제1회 강강술래축제가 2015년 한가위 다음날, 민간단체주도로 한복 입은 관광객객들이 참여한 가운데 한옥마을에서 펼쳐졌습니다.

전주
한옥마을
다시보기 1

알록달록 한복을 곱게 차려 입은 시민들과 관광객들이 어우러진 축제는 추석을 가장 대표하는 행사로 부상한 가운데, 특히 남천교 밑 전주천에서 펼쳐진 강강술래 군무에는 전주시민과 관광객 500여 명이 참가해 장관을 연출했습니다.

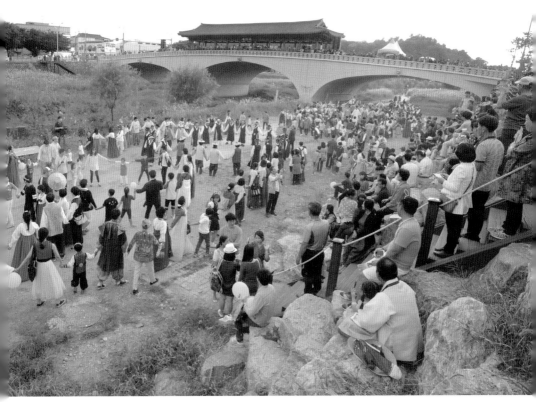

강강술래축제

모두가 한복을 입고 슈퍼문 아래서 강강술래를 시작하자 곳곳에서 이윽고 탄성이 터져 나왔습니다. 참가자들은 "강강수월래~ 강강수월래~"를 합창하며 손을 맞잡고 원을 그리면서 색색의 그림자가 전주천에 번졌습니다. 노래와 춤 등 강강술래 등 사전 교육은 '강강술래 학당'이라는 이름으로 전주 경기전에서 진행됐지요.

"지금까지 본 축제 중 가장 아름다운 축제다." 강강술래 축제에 참여한 프랑스 기자의 말입니다. 그는 SNS 친구가 4,600만 명에 달하는 유럽에서 가장 영향력 있는 문화부 기자입니다. 관광객 1만여 명이 찾은 강강술래 축제는 순수한 민간 주도 축제라는 점에서 뜨거운 관심이 집중됐습니다.

축제 준비에 필요한 모든 경비를 입장권 수입과 후원금으로 충당합니다. 경품 외에 축제 당일 참가자들에게는 5,000원씩 참가비를 받으며, 전북도민은 10% 할인 혜택이 주어집니다. 부대 행사도 풍성합니다. 경기전과 오목대, 향교, 부채문화관, 전주전통문화관에서 진행되는 만원 페스타는 축제의 꽃입니다. 주민들은 한 달동안 예술가들과 함께 달 조형물 120개를 만들었습니다. 하늘에도, 전주천에도, 한옥마을에도 곳곳에 만월이 뜨는 셈입니다. 만월 페스타 4곳을 돌고 스템프를 받아오면 경품도 있습니다.

축제 당일 한옥마을 일대는 한복을 갖춰 입은 이들로 북새통을 이뤘습니다. 추석과 한복, 한옥은 더할 나위 없는 조화를 이뤄 전통의 아름다움을 뽐냈습니다. 가장 한국적인 관광지를 찾은 사람들은 뜻하지 않은 축제에 참가하면서 만족감을 나타냈습니다. 뿐만 아니라 민속놀이 체험, 길거리 퍼레이드, 한국무용 등 다채로운 공연이 펼쳐지면서 눈길을 사로잡았습니다.

조직원원회는 순수한 민간 주도 축제라는 점에 의미를 부여합니다. 한옥마을 주민과 상인, 예술가 등 450여 명의 참여와 재능 기부로 치러진 축제라는 것입니다. 축제 준비에만 1만 2,720시간, 상가와 예술단체 등 협력기관 250여 곳, 조직위원들과 상인들이 내놓은 숙박권과 물품 교환권 6,197개 등 모든 것을 민간에서 조달했습니다.

강강술래조직위 조문규 사무총장은 "많은 이들이 좋은 축제를 만들고 정착시키자는 뜻에 공감해 자발적으로 참여한 덕분에 아름다운 축제를 만들 수 있었다. 관 주도 행사였다면 이 같은 성과를 낼 수 있었을지 의문이다"고 말합니다. 이어 "그동안 상업화 논란을 겪은 한옥마을은 정체성을 놓고 뒷말이 많았다. 축제로 한옥마을의 위상을 높일 수 있는 좋은 기회가 됐다"면서 "지속적인 축제가 될 수 있도록 토대를 마련하겠다"고 강조합니다.

앞으로 한옥마을 강강술래축제 완성도를 높이려면 전주풍류정신 근원지 곤지산 망월터 즉, 흡월대吸月臺에서 김승수 전주시장과 참여자들이 달맞이 의례절차를 밟아야 합니다. 바로 이같은 의식은 스토리텔링의 완성이며, 또 하나의 인류무형문화유산을 창조하는 일이기 때문입니다.

365일 한복이 있어 알록달록한 한옥마을

최근 젊은이들 사이에 여행필수품으로 꼽히는 것 중 하나가 '한복'입니다. 걷기는 물론 그냥 입고 있기에도 불편한 한복을 입고 여행을 한다? 어려울 것 같지만 실제로, 최근 한국에서 유행하고 있는 트렌드입니다. 주목받고 싶고 SNS에 사진을 찍어 올려 많은 '좋아요'를 받고자 하는 젊은 세대의 욕구와 한복이 딱 맞아 떨어진 것입니다.

　최근 유행하고 있는 생활한복은 기존의 계량한복과는 또 다릅니다. 무릎 위로 올라오는 치마에 꽃 자수가 놓여있는 모시 소재의 저고리가 어우러져 평상복으로 입어도 손색없을 정도입니다. 20만원을 호가하던 생활한복 한 벌의 가격도 최근 들어 7~8만원으로 내렸습니다.

　인스타그램과 페이스북 등의 어플에서 해시태그로 한복을 검색하면, 그 트렌드의 진원지인 전주 한옥마을은 물론, 제주도, 산과 바다 등의 국내여행지, 유럽과 아시아 등 해외 여행지까지 다양한 여행지에서 이를 입고 찍은 사진을 쉽게 찾아 볼 수 있습니다. 한옥마을은 지금으로부터 4~5년 전부터 '먹방'열풍에 편승해 먹방여행지로 각광을 받기 시작했었지요.

　길거리를 거니는 관광객 중 3분의 1이 한복을 입고 있는 진풍경을 볼 수 있습니다. 사극을 촬영하고 있는 중인지 헷갈릴 정도. 한복을 입고 있는 사람들은 2030세대의 젊은 학생들로, 이를 입고 사진을 찍기 위해 일부러 이곳을 찾는 경우가 대부분입니다. 전주향교의 한복대여소가 처음 문을 연 이래, 현재는 한옥마을 인근까지 30여 곳의 업소가 수백 벌의 대여 한복을 갖추고 성업 중입니다. 이는 문화재의 무료 관람이 가능한데다가 음식점, 민박집 등과 서로 협약을 맺어 많은 혜택이 주어지기 때문이며, 폼을 잡고 사진을 찍으면 기념이 되기 때문에 생긴 현상입니다.

　한옥마을의 매월 마지막 주 토요일은 한복 입는 날, '한복데이'입니다. 요즘은 매 주말이면 다양한 빛깔의 한복차림을 한 젊은이들의 모습을 쉽게 볼 수 있습니다. 2012년 제1회 한복데이가 그 시작입니다. 한복체험은 한복을 잠깐 입었다가 벗는 단순체험이 아닙니다. 관광객들은 한복 대여점에서 자기에게 어울리는 한복을 빌려 입고, 거리 곳곳을 둘러보며 여행을 즐깁니다. 그 열풍에 따라 옛날 교복까지 빌려주는 곳도 생겼습니다. 하얀 깃에 까만 후레아 치마, 차이나 카라로 상징되는 7080 교복과 교련복도 한복과 비슷한 가격으로 대여할 수 있습니다.

달달한 한옥마을을 가꾸는 문화기획자 박세상 씨

한옥마을 태조로 키작은 낮은 담벼락이 주는 호기심에 까치발을 세우고 기와는 머리맡에 곡선을 그립니다. 잔뜩 치켜 세운 발과 기와의 그 수려한 곡선을 따라 사람들의 웃음이 골목골목마다 퍼집니다.

세월의 고즈넉함이 이 시대를 사는 사람과 어울려 색다른 매력이 묻어나는 한옥마을은 대문이 열린 곳이면 언제 어느 때

문화기획자 박세상

든 누구나 들어가서 맘껏 구경할 수 있습니다. 2015년 가을날 늦은 오후, 문화기획자 박세상(불가능공장 대표)씨를 통해 그가 꿈꾸는 세상을 만났습니다.

경기전 뒷담 부근의 사무실에 들어섰습니다. 때마침 그로부터 한복을 빌려 입으려는 학생들로 인해 북새통을 이룹니다. 사무실 한켠에는 뉴욕의 심장부에서 선보일 한복데이를 염두해 찍은 한복 사진이 슬로시티 전주를 상징하는 문패처럼 다가옵니다.

"그동안 도시기획자라는 직업을 스스로에게 선물하고, 제가 세상을 바라보는 관점이 많이 달라진 것 같습니다. 기획이란 결국 사람을 변화시키는 일입니다. 일회성 이벤트를 만드는 것이 아닌, 일상화를 만드는 일입니다. 필요성의 인식과 사람들의 자발성이 가장 큰 자산이며, 무엇보다도 가장 좋은 소스는, 사람들의 불평과 불편함입니다."

한복을 빌려입은 채 연인의 손을 꼭 쥔 채 덩실덩실 춤추고 있는 예쁜 아가씨는 뭐가 저리도 즐거울까요. 여기저기 늘어선 투호, 제기차기 등 다양한 체험에 어른과 아이 등 누구나 할 것 없이 길 위에 덤벙덤벙 뛰고 있습니다.

그가 전주 한옥마을에 자리한 것은 지금으로부터 6년 전. 전주 전일고등학교를 졸업하고 충남대에서 공부를 마친 그가 연어처럼 고향을 찾아 한복데이를 기획하고, 막걸리 파티행사를 구상하고, 또 얼마 전 추석 무렵 한옥마을 강강수월래축제에 연출을 하게 된 것은 왜 일까요.

박대표는 대전에서 활동하며 2011년 사회적기업 '아이엠 궁'이 예비기업으로 선정되기도 했지만 2002년부터 전주로 둥지를 이동, 그의 자신의 이름처럼 언제나 사람 사는 세상을 꿈꾸고 있습니다. 온통 빨간색으로 칠해진 채 단순히 'impossible factory'라고 적혀 있는 사무실은 많은 사람들에게 순수한 호기심을 불러일으킵니다.

사실 이곳은 전주에서 조금 특별한 생각을 가진 청년들이 만든 장소입니다. 많은 회사가 목표를 세우고 그것을 이룰 수 있는 사람을 뽑는데 반해 '불가능공장'은 개개인의 목표를 위해 회사가 움직입니다. "자신이 기획한 프로젝트를 통해 스스로가 회사의 대표가 되어 움직이죠. 그것이 가능한 것은 불가능공장이 소수의 팀으로 이루어져 있기 때문이기도 하지만 개개인의 개성과 장점이 뚜렷하고 목표가 분명하기 때문입니다."

불가능공장은 '상업화, 먹거리, 전통의 부재'로 인식된 한옥마을에서 '가장 전주 한옥마을다움'을 찾기 위한 활동을 하고 있는 벼리입니다. 그는 "'한복데이'는 2012년 지역의 청년들이 기획단을 구성, 지역주민과 전주 시민이 기획에 참여하면서 만들어진 축제다"면서 "예산의 한계와 보여주기식이 아닌, 자발성과 필요성에 의해 이어져 오면서 현재 월 1회 매달 마지막주 토요일 한옥마을에서 열리고 있다"고 말합니다.

그는 얼마 전, 일본 여행 중 '하나비 축제'를 보고 문화적 충격과 감동이 밀려왔다고 전합니다. 전통 의상인 기모노와 유카타를 입은 10만 명의 일본인들이 한데 모여 자발적인 지역축제를 이끌어가는 것을 보고 한국에도 우리 고유의 문화축제가 있으면 얼마나 좋을까 하는 생각한 나머지 한복데이를 기획하게 됐다고 덧붙입니다.

그는 이어 말합니다. "하지만 한옥마을 여행을 위해서는 치밀한 준비가 필요합니다. 자고로 세월이 쌓은 무게를 하루 이틀에 제대로 즐기기는 어려운 법입니다. 그래서 이를 찾았는데요. 한옥마을의 콘텐츠는 바로 '풍류'입니다. 하지만 술을 왕창 들이마시고 부르는 고성방가를 생각하면 큰 오산입니다. 바로 선비들의 풍류인 바, 시각, 청각, 촉각, 미각, 후각 5미6감을 자극하는 자글자글한 다양한 체험을 한옥마을에서 즐길 수 있어야 합니다."

들기만 해도 그의 말은 가슴 서늘한 기대감을 선사합니다. 그들이 종종 갖고 있는 마을 투어에서 빠지지 않는 장소는 오목대입니다. 한옥마을의 전경을 제대로 볼 수 있는 장소이기 때문입니다. 이른 바 '마을 머슴'으로 명명되는 '불가능공장'이 주는 또 다른 재미는 전문 놀이 강사가 한복을 입고 이곳에서 체험을 진행합니다. 젊은이들로 구성된 '마을 머슴'이 서로 생소한 여행객들 사이를 파고드는 역할을 합니다. 인력거를 끌며 마을을 둘러보거나, 전통놀이를 관광객들과 함께 즐깁니다.

여행지에서의 여운을 오래 남기기 위해서는 사람을 만나야 하지 않나요. 그는 "한옥마을이 관광객의 기억에 오래 남도록 마을 머슴 프로그램을 개발했다"고 말합니다. 모든 일정을 마치고 나면 늦은 저녁 전통 한정식과 전통주를 음미하는 시간을 갖습니다.

이른 바 '막걸리 파티'입니다. 막걸리 한 주전자를 시키면 15가지에 달하는 안주가 상을 가득 채웁니다. 만약 술을 추가한다면, 앞서 상을 채운 안주와 별도로 새로운 음식들이 나오는 방식입니다. 밤에 즐길 만한 콘텐츠가 매우 부족하기 때문에 출장 파티를 생각했다고 합니다.

"남천교 다리 밑 전주천에서 펼쳐진 강강술래 군무에는 전주시민과 관광객이 참가해 장관을 연출했습니다. 추석과 한복, 한옥은 더할 나위

전주
한옥마을
다시보기 1

없는 조화를 이뤄 전통의 아름다움을 뽐냈죠. 가장 한국적인 관광지를 찾은 관광객들은 뜻하지 않은 축제에 참가하면서 만족감을 나타냈습니다." 이 행사의 연출을 맡은 그는 전주 시민들의 퍼레이드에 가장 큰 주안점을 두었다고 말합니다.

"당초에 목표했던 2,000명에는 훨씬 미치지 못했지만 수백명이 함께 한 대규모 군무는 장관이었으며, 민간 주도의 축제로 더욱 더 관심을 사로잡았다"고 말하는 그는 "과거와 현재의 조화가 전주 한옥마을의 성공 밑거름이다"면서 "따라서 이곳이 가진 가치를 발굴하는 것이 우리가 하는 일"이라고 설명합니다. 그의 계획대로 뉴욕에서 한복데이 행사가 열린다면 세계인들의 이목을 사로잡을 것으로 믿어 의심치 않습니다.

꽃보다 아름다운
전주 최부잣집의 꽃담

최근 미술의 공공성을 중시하는 건축가들이 담장에 팝아트풍의 그래피티를 그려넣곤 하지만 우리들은 현대 건축물에서 내부와 외부를 구분하거나, 주거의 안정성을 담보하는 기능만이 강조돼왔습니다.

하지만 우리가 이 담에 높은 예술성을 부여한 유구한 전통이 있었음을 혹시라도 아는지? 담에도 '아트'가 있습니다. 선조들은 담에 길상吉祥적인 의미를 담은 글자나 꽃, 동물 등의 무늬를 새기곤 했는데, 이 화려하고 아름다운 담들을 '꽃담'이라고 이름 붙입니다. 그러나 꽃담들은 주로 흙을 소재로 축조한 까닭에 보존에 어려움이 뒤따랐고 중앙정부나 지자체로부터 문화재로 지정받지 못해 점점 사라져가고 있는 오늘입니다.

최부잣집 토담에 새겨진 투박한 꽃 세 송이, 한옥마을의 상징 문패

상식을 뛰어넘는 담이 있습니다. 꽃담, 말부터 참 예쁩니다. 이는 전주의 얼굴이요, 족보요, 우리의 과거를 되돌아보고 현재의 위치를 점칠 수 있는 상징물에 다름 아닙니다. 기와와 전돌에 여러 무늬를 놓아 독특한 치장을 한 벽체나 굴뚝, 합각, 담장의 통칭으로 쓰고 있는 꽃담은 집주인의 성품을 고스란히 드러내고, 지나가는 사람들을 기꺼이 받아들여 초청합니다.

인간과 자연의 공존도 소망합니다. '여기는 내 땅이야', '타인 출입 금지'식의 엄포가 없습니다. 질박하면 질박한 대로, 화려하면 화려한 대로 여유와 만족을 압니다. 그래서 전주 사람들의 마음씨를 꼭 빼다 닮았습니다.

한옥마을의 소슬대문을 가벼이 밀치고 들어서면 싸리비 자국 고운 마당과 툇마루 아래 댓돌 위로 가지런히 놓인 신발이 보이고, 저 멀리로 날렵한 처마를 훑고 지나가는 바람에 풍경 소리가 은은히 울립니다. 이에 질세라, 오목대 위 두둥실 떠있는 구름이 창호에 고요한 달빛을 선사하고, 한밤을 꼬박 지새운 참새들의 짹짹거림에 이슬은 아침 밥상에 보리된장국과 고봉밥을 내린 채, 내일을 기약합니다.

황손 이석씨가 기거하는 승광재 옆 전주 최부잣집. 토담집으로 통하는 이 집은 황토로 된 담장을 갖고 있으며, 그 담 사이에는 기와를 넣어 만든 꽃담이 자리하고 있습니다. 얼마 전까지만 하더라도 이곳은 고샅이라서 지난 시절, 가로등이 켜지면서 개 짖는 소리와 고양이 우는 소리가 들렸지요.

시간이 흐르면 다듬이 소리, 통금시간을 알리는 딱딱이 소리도 들려왔으며, 동네 아이들은 바로 이 골목길에서 한데 어울려서 놀았습니다. 당시엔 컴퓨터 게임도 장난감도 없었지만 주변에 널린 것들을 손쉽게 놀이 도구로 변신시켰습니다.

때론 돌이나 깨진 벽돌을 동그랗게 다듬어 비석치기를 하고, 헌 공책을 뜯어 딱지를 접었습니다. 그렇게 정신없이 놀다 보면 어느새 하루해가 저물었습니다. 돌담길 끝에서 저녁 먹으러 오라고 부르던 우리네 어머니들의 음성이 귓가에 아련하기만 합니다. 지금 최부잣집은 서녘으로 비끼는 샛노란 햇살이 남은 물기를 털어내느라 분주한 빨래들을 이고 앉습니다.

길 건너편 고층 아파트가 줄줄이 들어선 지붕 낮은 집들의 애환이 골목길에 들어서면 금방이라도 얼싸 손 잡아줄 듯 정겹습니다. 집주인 유모니카 할머니가 말합니다. 떡을 하거나 부침개를 부친 날이면 돌담 위로 소쿠리가 오고 갔으며, 햇빛을 받아 따뜻해진 돌담에 고사리나 취나물 혹은 깨끗하게 빤 운동화를 널어 말리기도 했다고 말입니다.

최부잣집은 경주에만 있는 것이 아닌, 전주 한옥마을에도 있습니다. 그런데 사람들이 왜 최부잣집이라고 말을 하는 것일까요. 최부자란 최한규씨를 지칭하며, 전북여객의 초창기 사장으로 방직, 금광, 석유회사 등을 운영한 까닭에 붙여진 이름입니다.

"역사 자체의 움직임이 상향上向하는 것인가, 하향下向하는 것인가는 철학적 문제이다"고 말한 최한규(1905~1950)씨는 일본 와세다대를 졸업한 인재였습니다. 물왕멀에서 이사를 한 그는 한옥 10여 채를 매입해 1937년 가을에 두 채의 한옥을 헐고, 지금의 집을 지었으니 그의 당시

나이가 32세였습니다.

정원의 경우, 처음에 대문의 입구 양쪽으로 있었고, 옆에는 배추나무 등을 심어 그것으로 김장을 했었습니다. 그는 집 입구에 단감나무를 심어 놓았습니다. 장난꾸러기 아이들이 종종 담장을 넘어 와 감을 따먹는 일이 비일비재하게 많아 아이들이 다칠까봐 감나무를 잘랐구요. 여전히 오래된 석등을 볼 수 있으며, 붉은 모양의 굴뚝은 쓰지 않지만 작두샘 2개 가운데 하나는 지금도 쓰고 있습니다.

무엇보다도 생활이 어려운 미술가와 문인들을 후원해주면서 말 그대로 예술인들의 사랑방으로 집을 활용케 했습니다. 최부자의 큰아들 최태호씨는 서울대 법대 3년을 다니다가 6.25동란으로 동생들을 뒷바

최부잣집 꽃담

라지해야 하는 현실에 직면하면서 엄청나게 큰 고생을 했다고 합니다.

하지만 그가 유언으로 남긴 것은 일가 친척들에게만 죽음을 알리고, 토장이 아닌, 화장을 하라고 했다고 합니다. 묻힐 선산도 넉넉하고 좋은 친구들도 많았지만 그는 좋은 조건을 모두 포기했다는 가슴 아린 사연이 있는 바, 경주 최부잣집과 견주어도 전혀 손색이 없습니다.

> 천지는 만물이 쉬어가는 여관이요, 시간이란 것은 긴 세월을 잠시 지나가는 나그네다. 덧없는 인생은 꿈과 같으니 기쁨이 되는 일이 얼마나 되리오. 옛 사람이 촛불을 들고 밤에 놀이한 것도 진정으로 이유가 있었구나. 하물며 따뜻한 봄날이 안개 낀 경치로 나를 부르고 천지가 나에게 문장력을 빌려주었음에야….

맘에 와닿는 이태백의 『춘야연도리원서』 그 느낌을 그대로 갖고 굴뚝을 응시하자니 참으로 짧은 것이 인생이 아니고 무엇인가요.

4대가 살아오고 있는 이곳은 전주시가 옛날 큰 토담의 한옥집이 많이 있었음을 반영해 토담길로 명명되었지만 지금은 다른 도로명으로 바뀌었습니다. 집 앞의 길도 그 옛날엔 제법 큰 편에 속했지만 요즘은 아주 작은 골목길로 변해 버렸습니다. 오래 전에는 드라마와 영화 촬영 등이 이어지기도 했습니다.

최부잣집의 볼거리는 집안의 우뚝 솟은 굴뚝과 앞채의 밝은 색조의 붉은 전돌을 작고 예쁘게 따로 만들어 바람 구멍에 솜씨를 부린 '십+' 자형 바람 구멍(꽃담), 그리고 토담(담장)에 기왓장을 쿡쿡 박은 꽃담이 단연 압권입니다.

돋보이는 모양세와 함께 자연과의 조화를 꿈꾼 소박한 모습이 눈앞에 아스라이 드러나니 철학적 사유에 주목합니다. 과연 상상력의 끄트머리는 어디인가요. 모두가 한마음 한뜻으로 마당에 서서 밤하늘의 별을 쳐다보고, 마당의 풀잎에 내려앉은 새벽의 서릿발을 밟으면서 예쁜 꽃담으로 치장했을 터입니다.

토담에 핀 꽃은 하나, 둘, 셋 세 송이. 맨 위에 암키와 5~6장을 서로 맞대어 꽃잎을 만들고, 바로 그 아래 암키와 여러 장으로 좌우 대칭의 꽃잎 모양과 줄기 등을 기와 조각의 질박한 무늬에 잘도 형상화한 까닭에 최씨 가문의 기풍과 순박한 전주 사람들의 여유로운 삶을 그려내고 있습니다.

그러나 작은 길에 많은 차량들이 주차함으로써 길이 더욱 좁아지게 되고, 간혹 이들이 지나가면서 토담을 부숴 버리는 일들이 자주 발생해 김완주 전 전북도지사가 전주시장으로 재임하던 시절 차량의 통행을 통제하기도 했습니다. 밖에서 보면 몇 그루의 커다란 나무와 농구대, 그리고 검정색의 기와 지붕, 지금은 쓰지 않는 굴뚝이 보입니다.

"미닫이 문을 살짝 열고 오목대의 밤 풍경을 바라보면 하늘에 떠 있는 궁궐같습니다. 예전에는 대문을 열어 놓고 살았지요. 여러 세대가 살았기 때문입니다. 당초엔 기와 올린 대문이 있었지만 그것이 헐어져 철제 대문으로 바뀌게 됩니다." 유모니카 할머니가 이같이 말하면서 제 손에 천만원(천원과 만원짜리 각각 한 장)의 복돈을 쥐어줍니다. 받아야 할까요, 받지 말아야 할까요. 청청 휘어진 매화나무에 꽃이 가득 벌었습니다. 문득 이 꽃잎을 보기 위해 달님도 나무 위에 내려와 넋을 놓고 말았구려, 새들 또한 밤잠을 잊고 달을 맞이하고 있습니다.

항상 좋은 향기를 내뿜는 꽃은 쉽게 시들고 그 향기가 오래가지 않지만 이곳의 꽃담은 일년 어느 하루도 자리를 옮기지 않는 든든한 수호신이며 방패입니다. 자연이 주는 계절의 변화를 거부하지 않은 채 각기 다른 정감을 주면서 방긋방긋 웃는 모습으로 사람들을 유혹하고 있는 오늘에서는. 유모니카 할머니의 설명을 듣고 있는 그 순간, 담장 밖으로 큰 키를 자랑한 채 우뚝 서있는 향나무와 담장을 감싸고 있는 담쟁이 넝쿨들이 들꽃으로 오밀조밀하게 꾸며진 정원 너머로 10월의 햇살을 온 몸으로 받아 눈부시게 빛나고 있습니다.

전주의 꽃담은 담백하고 청아하며 깔끔하며 순박한 한국의 멋, 아름다움 그 자체. 깊은 밤 꽃담 저 멀리, 꽃살에 붙은 창호지 틈새로 은은한 달빛이라도 새어들 양이면 세속의 욕망은 어느 새 소리없이 흩어지고 금방이라도 해탈의 문이 열리는 듯한 환상 속으로 빠져듭니다. 각박한 회색 도시를 떠나 내 마음의 꽃담 여행. 물질과 효율, 경쟁과 속도로 규정되는 현대에서 찬찬히 꽃담을 바라보면서 느림의 미학을 따르는 것이 쉽지 않음은 너무나도 당연하질 않나요.

사무치는 그리움에 사로잡히는 지금, 그 많던 전주의 꽃담들이 어디로 사라졌는지 아쉬움이 교차됩니다. 문득, 사람이 이 세상에 태어나 욕심을 버리며 산다는 것은 아주 쉬운 일이면서도 가장 어려운 일인 것 같다는 생각을 해봅니다.

그래서 나그네는 늘 꽃담으로 향하는 길목에서 반 박자 쉬어가는 여유를 배우면서 희망을 얘기하며, 한 박자 건너가는 마음을 통해 가슴에 쌓인 원한과 저린 기억마저도 저 멀리 몰아낼 수 있는 자신감이 생겼습니다. 이 꽃담, 저 꽃담은 '버림은 소유의 끝이 아닌, 무소유의 절정'이라고 나지막하게 속삭입니다. 삶이 더 추락하고 황폐해지기 전, 꽃담 닮은 향기로운 삶이고 싶습니다.

전동성당사제관의 꽃담, 신부들의 희생을 노래하네

전주 전동성당사제관(문화재자료 제178호)은 우리나라에서 좀처럼 만나기 어려운 '십＋'자 꽃담을 갖고 있습니다. 수원 화성 방화수류정에도 '십'자 꽃담이 있지만 모양이 서로 다릅니다.

시나브로, 붉은 벽돌로 둘러싸인 창 주변엔 꽃이 활짝 폈습니다. 1926년에 준공한 이 건물은 좌우대칭을 이루고 있는 가운데 붉은 벽돌로 둘러싸인 창 주변은 꽃담으로 도배를 했군요. 성당의 동쪽편에 위치하고 있으며 본당과 같이 북향을 하고 있는 사제관은 르네상스 양식을 바탕으로 로마네스크 양식을 가미한 절충식 건물로, 근대 서양풍 건축입니다.

전체적으로 완전한 좌우 대칭을 이루고 있는 게 특징으로 보입니다. 1층 부분은 2, 3층과 달리, 깬돌 허튼층쌓기를 하였고, 창 주변은 벽돌로 둘러싸여 있는 가운데 상부는 모든 창과 마찬가

전동성당사제관의 십자 꽃담

전동성당의 옆모습

지로 결원 아치를 틀었습니다. 2, 3층 창대에는 화강석을 설치했음은
물론 창틀 외곽은 벽돌로 리아스식 쌓기로 치장했습니다.

가톨릭에선 순교자 또는 증거자로 선구자적인 삶을 산 사제에게 성
인 혹은 복자라는 호칭을 주고 있습니다. 복자로 추대하는 것을 '시복諡
福', 성인으로 추대하는 것을 '시성諡聖'이라고 합니다. 신앙을 증거하며
장렬하게 순교한 이들의 삶을 고스란히 본받아야 한다는 메시지가 꽃
담의 의미와 함께 그 속에 담긴 깊이를 더하게 만듭니다.

사제관 난간에 핀 십자형 꽃송이는 무늬쌓기로 정교하게 꾸민데다
가 화강석과 벽돌을 혼용한 구성의 포치가 조형성을 더하고 있습니다.
네모반듯 단순하면서도 과감하고, 과감하면서도 경쾌한 디자인으로 베
푼 솜씨가 고수의 작품에 틀림없다는 확신으로 이끕니다. 사제관은 본

당 건립 후 2대 주임 라크루신부가 장차 전주교구가 설정될 경우를 대비하여 건축을 했다고 합니다. 이 건물은 1937년 전주교구청사 및 교구장 숙소로, 1960년 이후부터는 주임 신부와 보좌 신부의 생활 공간으로 각각 사용되고 있습니다.

　사제관 뒷면엔 붉은 벽돌 2장씩을 상하좌우로 배치, 모두 8장이 십자가 모양의 꽃을 터트렸으며, 측면의 난간엔 7장의 벽돌이 2장, 2장, 2장, 1장씩 위로부터 아래로 자리, 역시 십자가를 상징하면서 '무진장 無盡藏'으로 이끕니다. 십자가가 십자가를 낳고, 다시 그 십자가가 또 다른 십자가가 되어 사제(신부)들의 숭고한 정신을 고스란히 담고 있습니다. 십자가는 십자가를 낳고, 다시 그 십자가는 또 다른 십자가의 이정표가 되는 만큼 '무시무종' 무늬처럼 느껴집니다.

　꽃담외에도 전동성당엔 상징물이 많습니다. 성당 정문에서 오른쪽 꽃담에는 '한국 천주교 순교 1번지'라고 새겨진 선돌이 있습니다. 이 순교비에 새겨진 글은 현유복 신부가 썼구요, 또 성당 왼편에 대리석으로 제작된 유항검과 동정부

전동성당의 뒷모습

부 순교상은 익산 황등의 석재로 제작한 것입니다. 입구의 천주교 전동교회 문패는 백담 백종희 선생이 1985년 해성중학교 3학년 때에 썼습니다.

성당 마당 안쪽에는 1977년에 봉헌된 루르드 성모 동굴 성모상이 있으며, 성당 뒤편에는 미리내천주성삼성직수도회가 제작한 피에타상이 안치돼 있습니다. 1992년에 지하 103m에서 끌어올린 지하수로 만든 급수대도 신자들로부터 '치명생수'라고 불리면서 사랑받고 있습니다.

따스한 햇살이 마당에 가득한 오후. 제법 넓은 앞마당과 잘 자리잡은 사제관이 참으로 예쁩니다. 바로 옆 성모상도 여느 성당과는 차별을 둔 빼어난 조경을 뽐내고 있습니다. 왠지 무릎을 꿇고 싶은 마음이 들 정도로 동그란 창들은 하나하나 빛그림자를 수놓습니다.

시시각각 인근의 치명자산으로 불어오는 미풍이 이마에 흐르는 땀방울을 시원스레 닦아주고 있습니다. 지난 2002년 월드컵축구대회를 계기로 전동성당의 담을 헐어내고, 대신 새로운 나무로 조경을 해 어느 곳에서나 전경을 바라볼 수 있는 오늘.

보이는 담만 헐어내는데 만족해하는 것이 아닌, 보이지 않는 인간들이 스스로 쌓아놓은 마음의 벽과 철옹성같은 고정관념까지 속시원하게 무너뜨릴 수만 있다면 금상첨화이리라. 성당 2층의 나무 계단으로 자리를 옮겨 건물 내부의 또다른 꽃담을 다시 구경한 후, 조심스레 내려와 손에 치명(목숨을 바친다는 의미)생수를 찍어 바른 후, 십자성호를 그어 봅니다.

묵향 풍기는 전주시 강암서예관의 꽃담

전주시 강암서예관

　　전주시 강암서예관엔 합각 3곳(정면 제외), 건물 정면 6곳, 옆면 6곳
(각 3곳), 뒷면 4곳, 굴뚝 1곳 등 20곳에 꽃물결, 꽃바다 바로 그 자체입
니다.

　　정면엔 붉은 벽돌과 함께 회색의 '무시무종無始無終' 문양이 가로로
화사한 벽을 이루며 방실방실 웃고 있고, 출입문 좌우로 붉은 벽돌 한
줄에 회색의 '무시무종' 문양, 이어 '만자 만卍'자가 세로로 자리하고 있
습니다. 옆면은 붉은 벽돌 3장이 가로로 놓인 가운데 붉은 벽돌 1줄, 회
색의 무시무종 문양 1줄, 붉은 벽돌 1줄, 이어 붉은색의 '만자 만卍'자
문양들로 거대한 꽃담을 이루고 있습니다.

전주시 강암서예관 굴뚝의 글씨

　　건물의 뒷면도 이와 비슷하지만 붉은 벽돌 속에 붉은 벽돌이 4개씩 모두 19줄씩 차례로 놓여 특별한 꽃담 2개를 일구었나니. 합각은 붉은 벽돌, 회색의 무시무종 문양, 동심원, 태평화 순으로 장식, 경복궁 자경전(보물 제809호)의 꽃담과 흡사합니다.

　　회색 벽돌이 촘촘히 박혀 있는 굴뚝은 붉은 벽돌 한 장씩이 맨 위와 아래에 놓여 있는 가운데 '長(길 장)'의 글씨로 표현, 붉은 이 여름의 햇살처럼 선명합니다. 이곳의 꽃담은 강암서예관 건립 당시인 1995년 4월 22일 광주의 내로라는 화문장(꽃담을 만드는 장인)이 만들었다고 합니다.

　　경기전과 풍남문에도 꽃담을 만날 수 있습니다. 경기전에서는 네모 반듯한 돌들을 바르게 쌓은 사고담四塊石을 통해 제향의 공간임을, 풍남문에서는 전돌을 통해 전주부성과 안녕과 번영을 기원하고 있습니다.

　　전주 한옥마을의 꽃담은 꽃 한 송이가 예쁘게 핀 듯한 착각을 일으킵니다. 담 자체가 한 편의 서정시요, 설치미술입니다. 그래서 한옥의 아름다움을 살펴보는 재미가 쏠쏠하고, 조용함과 단아함 속에 젖어보는 고택 명상의 시간은 오매불망, 그대 반짝이는 별빛이 되고, 이에 내 소망은 교교한 달빛이 됩니다.

전주
한옥마을
다시보기 1

용 다섯 마리,
남천교에 깃들었네

　우리들은 하루에도 수십 번 혹은 수백 번 다리를 지나갑니다. 이러한 일상적 공간이기에 특별한 가치와 의미가 없는 것처럼 보이지만 종교적 의미, 또는 지역을 서로 연결하는 사람들의 마음을 나타냅니다. 그래서 다리는 문화와 삶의 양식을 표현할 터입니다. 천년 세월의 강을 건너온 전주의 다리가 내게 말을 겁니다.

　문명의 구조물에 지나지 않던 수많은 다리에 이야기라는 문화의 발걸음이 더해지면서, 우리 곁에 살아있는, 그리고 오랜 세월 함께하는 존재가 되고 있습니다. 전주의 다리, 사랑을 잇고, 사람을 잇습니다.

승암교 다리 2개 중 하나 사라져

> 사람들은, 여름밤이면 이 냇기슭 천변으로 몰려나왔다. (…) 용소의
> 위쪽에서는 남자들이 자멱질을 하였다. 여자들의 자리는 용소 아래쪽
> 이었다. 달이 없는 밤에는, 수면 위에 미끄러지는 별빛이 등불이 되어
> 주었고, 달이 뜬 밤에는 물소리가 달빛을 감추어 주었다.

이는 최명희의 《혼불》에 나오는 부분입니다. 전주천 버드나무 아래 앉은 노인네들은 밤이 깊도록 생쑥 모깃불의 매캐한 연기를 쏘이며, 이미 몇 번씩이나 한 이야기를 또 하고 또 하였고, 젊은 사람들은 상쾌한 비명을 지르며 물소리에 섞였을 터입니다.

하지만 전주천은 낭만이 아닌, 조선조 '기축옥사의 희생양' 정여립의 한서린 눈물도 흘러내리고 있습니다. 조선시대 가장 미스터리한 사건을 남긴 정여립이 어린 시절을 보냈다는 남문 밖의 파쏘 아래 집터는 파헤친 후, 숯불로 지져 그 맥을 끊었다는 신정일 우리땅걷기 이사장의 설명입니다. 진동규 시인은 시를 통해 다음과 같이 노래합니다.

> 살던 집은 텃 자리까지 파버렸습니다. 그 이웃까지 뒤집어 파서 앞
> 내 끌어 휘돌아 가게 하였습니다. 깊고 깊은 소를 만들어 버렸지만 그
> 때 그 집 주인이 반역했다고, 그래서 전주천 물이 거꾸로 흐른다고 소
> 문내고 그런 속셈을 알 만한 사람은 다 압니다. 댁건너 마을 사람들
> 은 상죽음上竹陰 하죽음下竹陰하면서, 구름처럼 모여 들었던 선비들의
> 죽음 그 때죽음을, 서방바우, 각시바우, 애기바우, 그 피울음을 상 댁

건너 하댁건너 점잖던 자기 마을 이름위에 불러보기도 해 보지만 어떻게 변명 말씀 한번 엄두를 못 내고 죽어지내 왔습니다. 그 집 뒷산 월암에 달이 뜨면 댁 건너 사람들은 월암 아래 소에 들어 대수리를 잡는 답니다. 관솔불들을 밝히고 주춧돌 기둥뿌리 항아리 깨진 것, 뭐 그 집주인 뱃속까지 빨아 먹고 자란 대수리들을 잡는 답니다.

승암교는 당초엔 2개였습니다. 승암교를 지나 이 어려운 길을 왜, 누가, 누구를 위해 가고 왔을까요. 승암사의 〈심우도〉를 보면서 중생들은 아마도 사바세계의 고난을 잊고, 희망을 구할 수 있으리라는 기대와 염원을 마음 속에 담아 이고지고 와서 도道를 찾아 생로병사의 번뇌를 초

오목대와 승암교

월한 완성된 인간이 되는 것을 꿈꾸었다는 생각이 듭니다.

450m의 가파른 산길을 따라 올라가 가족의 안녕을 빌었던 우리네 할머니들은 지금 어디에서 안식을 하고 있나요. 지금은 사람과 차량들의 통행이 뜸한 곳의 구 승암교는 1977년 7월 15일에 준공, 동서학동에 자리하고 있었습니다.

바로 위 교동의 승암교는 1990년에 가설했다는 자료가 보이지만 다리엔 2003년 4월 1일부터 2004년 1월 6일까지 공사를 한 것으로 돼 있는 가운데 승암사, 자연생태박물관, 중바위길, 치명자산성지를 연결하는 역할을 하고 있습니다. 이 다리가 놓임으로써 전주와 남원까지의 마실길이 더욱 손 쉬워지는 등 생활의 편리와 함께 무욕의 세계로 이끄는 사찰과 성당이 더욱 바빠지게 된 것은 아닐까요.

아래의 승암교는 최근 들어 모습을 감추었습니다. 하지만 한소희韓김熙(1924~1983)의 〈승암산〉을 보면 화려한 듯 소박한 듯 강인한 생명력으로 세월의 무게와 흔적을 고스란히 담아내며 감동을 주고 있습니다. 작가는 살아 생전, "그림 속 소나무는 무거운 눈의 무게를 온몸으로 견뎌내고 있는 우리들 삶의 모습"이라고 말했습니다.

창변이 아름다운 한벽교

처음부터 끝까지 이어지는 초록으로 물든 거리를 걷노라면 전주천의 맑은 공기와 파란 하늘이 서로 어우러져 아름다운 풍경을 만들어냅니다. 대도시의 한 가운데를 통과하는 시냇물 중 전주천만큼 맑은 물빛을 간직한 곳이 또 어디 있을라구요. 계절이 바뀌는 창변에서 문득, 전주천변의 오모가리탕집 평상 위로 당신을 기꺼이 초대하고 싶습니다.

승암산 기슭의 절벽을 깎아 세운, 전주 옥류동 고개 옆 한벽당寒碧堂(전북 유형문화재 제15호)은 일찍이 유생들이 풍류를 즐기고 각시바우, 서방바우에 서는 아이들이 고기잡고 멱감기로 유명했습니다. 하지만 여름철 집중호우 때면 갑자기 불어나는 물로 아찔했던 기억도 있겠군요.

월당최담 찬시비

슬치에서 시작된 상관 계곡의 물은 좁은목을 지나 이곳 한벽당 바윗돌에 부딪쳐 흰 옥처럼 부서지면서 한옥마을 앞으로 우회하게 됩니다. '벽옥한류碧玉寒流'라는 이름을 붙은 연유입니다. 예전에는 동고산성 자락과 남고산성 자락이 이어져 한벽당에서 보면 마치 폭포가 떨어지는 것 같다는 이야기가 전해지기도 했습니다. '한벽청연寒碧晴烟'으로 완산8경의 하나였던 이곳이 흰 도포자락을 휘날리는 고고한 선비의 이미지와 겹치는 오늘에서는.

한벽당 앞에서 피어오른 물안개가 서서히 사라져 가는 모습을 가히 절경이라 했으며, 전주향교가 가까운 자리에 위치하고 있는 까닭에 전주의 선비들이 이곳에서 전주천을 바라보며 시조를 읊었을 터입니다. 양귀자씨의 소설《한계령》에도 그 모습이 소개됩니다.

여류소설가인 나는 어느 날 25년 전, 고향 전주의 철길 옆동네에 살던 찐빵집 딸 박은자로부터 전화를 받는다. 그녀는 부천의 한 나이트 클럽에서 노래를 부르고 있으며 다음 주면 신사동에 카페를 개업하게 되니 이번 주에 꼭 자신을 찾아왔으면 한다. 그러나 소설의 주인공 나는 옛 추억을 떠올리며 네 명의 오빠와 자신을 늠름하게 키워낸 큰오빠를 기억한다.

한벽당

남원, 구례, 곡성, 순천, 진주 등으로 가는 나그네들은 오룡교(남천교)를 건너면서 한벽당의 풍광을 감상했으며, 낚시꾼들은 한벽당의 아름다운 경관을 배경으로 이 일대에서 낚싯대를 드리우고 풍류삼매에 젖었다고. 하지만 그렇게 사랑을 받아온 한벽당도 시대가 변하면서 아픔을 겪어야 했습니다. 등 뒤로 전라선이 지나며 굴이 뚫렸는가 하면, 허리 옆으로는 17번 국도가 생기면서 예전의 풍취는 대부분 사라지고 말았습니다.

한벽교

지금은 한벽교 아래 터널은 시민들의 아늑한 휴식공간으로 탈바꿈됐지만 바로 옆 오모가리탕집은 여전히 그대로여서 소주잔 한 잔을 기울이다보면 이곳에서 멱을 감았던 옛일을 주억거리게 만듭니다.

전주의 어제와 오늘, 내일을 보고 싶은 날이면 남천교로 홀홀단신 떠나야 합니다. 지금으로부터 약 50년 전만 해도 모든 빨래는 남천 등 천변에서 이뤄졌습니다.

특히 우수와 경칩이 지난 춘분 무렵이면 한벽당 아래에서 남천, 완산교에 이르는 전주천변은 빨래꾼들로 거의 북새통을 이뤘습니다. 철부지 세 살짜리 꼬마 김호연(1897~1992)은 이 남천교를 건너 강증산을 만나러갔다는 얘기도 전하며, 완산십경에 '남천표모'라 하여 전주천에서 빨래하는 광경이 있었습니다.

남천교 왼편에 전주전통문화관과 오모가리탕집 몇 곳이 보입니다. 현재 전주전통문화관이 자리한 부근은 전북 지역 최초의 공동주택 아파트가 자리했으며, 최학자(최병심)의 집터가 있었습니다. 그 당시만 하더라도 아파트에 눈이 설었던 전주에서 초등학생들의 견학 코스로 활용되기도 했습니다.

바로 옆 오모가리집은 손으로 꼽을 정도로 적지만 크게 낯설지 않습니다. 오모가리란 본래 뚝배기를 일컫는 전주지역의 토속어로, 남천의 모래무지조림을 완산8진미로 꼽았습니다. "염라대왕께서 '남천 모자(모래무지) 먹어봤냐?' 한다는디" 〈호남무가湖南巫歌〉에 이런 대목이 있습니다.

사람이 죽어 염라대왕 앞에 서면 천당으로 보낼지, 지옥으로 보낼지를 심판할 때 팔도별식 33가지를 먹어 보았느냐고 물어봅니다. 이를 먹어 보았다는 사람은 천당으로 보내고 못 먹어 보았다는 사람은 지옥으로 떠밀어 버리는데, 그 팔도별식 33가지 중에 "남천 모자 먹어 봤

냐?"가 바로 그것입니다.

여기서 남천이란 전주천이고, 모자는 모래무지를 가리키는 말로, 이것이 사실이라면 염라대왕의 심판을 거쳐 천당 가기는 애시당초 글렀다 싶었는데, 요즈음 전주천엔 모래무지가 엄청 많아졌으니 참으로 다행스럽고 반갑습니다.

수채화가 최인수씨는 "남천의 맑은 물에서 잡아 올린 피래미며 모래무지 참게와 함께 시래기 듬뿍 넣고 팔팔 끓인 함별땅(햄별땅) 오모가리는 수양버들 늘어진 이곳 남천 제방 평상위에서 먹어야 제 맛이 났죠. 우리는 어려서 한벽당을 함별땅이라 불렀다"고 말합니다.

하지만 남천교는 지난 1996년 교량 정밀안전진단 결과 'D'급 판정을 받은데다 최근 한옥마을 일대 관광객과 주민, 차량 통행이 날로 늘

남천교

어나자 이를 철거하고 새로운 명품교량 건설에 나선 결과, 지금의 모습을 보이고 있습니다.

다리 길이는 82.5m, 다리 너비는 25m로 현재의 남천교는 2009년 옛 지도상의 모습을 본떠 건설한 것으로, 무지개 다리 위에 누각을 만들어 전주천에서 불어오는 바람을 맞으며 풍류를 즐길 수 있는 공간을 만든 것이 특징입니다. 홍예 다리 위에 누각이 지어진 형태의 아름다운 남천교는 북으로는 한옥마을의 은행로에 이어지며, 남으로는 서학동 전주교육대학교 방향으로 통하게 됩니다.

2010년 상반기에 방송된 KBS 드라마스페셜 4부작 〈보통의 연애〉에 바로 이 남천교의 모습이 나옵니다. 〈보통의 연애〉는 전주 올로케이션으로 촬영한 드라마로, 재광(연우진)이 자신의 형을 죽인 용의자의 딸인 윤혜(유다인)를 만나 사랑을 느끼게 되면서 그들 앞에 놓인 아픈 진실에 맞서게 되는 러브 스토리를 담고 있는 작품입니다. 재광이 고독하게 바라본 전주천, 남자가 여자 때문에 힘들어 했던 곳이 바로 남천교입니다.

남천교 위에는 청연루晴烟樓가 세워져 있습니다. 이는 완산8경 가운데 하나가 승암산 기슭 한벽방과 전주천을 휘감고 피어오르는 푸른 안개라는 뜻의 '한벽청연寒碧晴煙'에서 비롯한 바, '한벽'과 '청연'을 대구로 다리 위쪽에 한벽루가 있으니, 그 아래쪽에다 청연루를 지은 것이리라.

한옥마을을 찾은 날이면 청연루가 보이는 전주천에서 일몰을 맞이하는 때가 종종 있습니다. 전주천의 햇살은 물 위에 물감처럼 번져가고, 낙조는 이에 질세라 시시각각 색깔과 파장을 달리하며 주변을, 당신을 향한 내 마음을 온통 붉게 물들입니다.

전주의 족보,
싸전다리

은빛천국 싸전다리

싸전다리(전주교) 밑은 그야말로 은빛천국입니다. 언제부터 누구로부터 시작됐는지 알 수 없지만, 이곳은 연중 노인들로 넘쳐납니다. 예닐곱명씩 그룹을 지어 오순도순 화투를 치기도 하고, 노랫가락에 춤을 추기도 하고, 구경에 바쁜 이들도 눈에 띕니다. 싸전다리를 찾는 어르신들은 60대부터 90대까지 연령제한이 없는데다가 봉동, 이서, 임실, 김제 심지어 남원에서까지 원정을 오는 경우도 있습니다.

전주에 노인들이 편안한 쉼터로 이곳만한 곳이 없어서 일까요. 물가에 고기 잡는 백로의 날갯짓이 단연 볼거리의 하나입니다. "옛날에 촌에서 쌀가져와 갖고 여그다 퍼부서분 디여" 다리 밑에 앉아 있자니 '옳거니!' 한줄기 바람이 불어옵니다.

싸전다리

옛날엔 이 다리목을 끼고 싸전(쌀가게)이 늘어져 있었습니다. 쌀과 생활용품을 교환하려는 농민들의 부산한 발걸음이 반드시 이 다리를 건너지 않으면 안되었기 때문에 자연스레 붙여진 이름은 아닐까요.

바로 아래 설대전다리(매곡교)에는 담뱃대 가게가, 소금전다리(현 완산교)에는 소금가게가 있었다고 합니다. 송영상의 《전라도 풍물기》의 묘사입니다.

완산다리에서 현재 전주교 중간 지점까지 천변쪽으로 판자촌과 하꼬방이 다닥다닥 들어섰다. 이 하꼬방은 천태만상의 복마전을 이뤘다. 종이방, 주점, 국수집, 수제비집, 옷전, 기름집, 개고깃집이 양쪽으로 꽉 들어찼다.

싸전다리는 본래 자그마한 나무다리에 불과했지만 일제강점기인 1922년 콘크리트 다리로 새로 지어집니다. 일본사람들이 사탕을 만들어 팔기도 했으며, 1936년 대홍수 때에도 유실되지 않은 유일한 다리로, 홍수에도 떠내려가지 않고, 근대 교통망으로 이어지는 역할을 해냈습니다. 결국, 더 많은 사람을 불러 모으고 더 많은 물산을 싸전다리로 집중시켰습니다.

삼베자루에 반도 되지 않게 담은 쌀자루, 팥, 깨, 콩은 물론 보리며, 콩깻묵누룩을 팔았으며, 전국을 상대하는 쌀 거상도 자리잡았습니다.

옛싸전다리(ⓒ김학곤)

이른 새벽 각종 곡물을 거둬들이는 거상들이 있는가하면 헐값에 팔지 않겠다는 고집스런 사람들이 삼삼오오 떼지어 앉거나 서로 모르는 사람끼리라도 만년지기나 오랜만에 만난 사돈처럼 농사이야기, 애들 혼사 이야기들을 정답게 나누기도 했을 터입니다.

완주군 구이면의 평촌사람들이 산나물이며, 약초 등을 팔러 보광재를 넘어 싸전다리로 나갔을 것이며, 구이, 운암쪽으로 길이 나기 이전까지 전주사람들이 넘나들었던 길로 활용됐을 것이란 이성재 화백의 설명입니다. 또, 완주 상관으로 가는 길목으로, 땔감을 전주로 나와 팔려는 사람들이 꼭 건너야만 하는 다리였습니다.

지금의 다리는 1965년에 새로 지은 것으로 폭 25m, 길이 78m로 그때만 해도 국내에서 손꼽히는 교량으로 개통식장에서 호남국토건설국으로부터 전주시에 인계됐습니다. 당시〈전북일보〉기사에 따르면 남원 순창을 연결하는 이 다리는 하루에 1만 7,000여명의 통행자와 800여대의 자동차, 수많은 우마차가 다녔다고 합니다.

싸전다리는 새로운 물줄기가 만나는 곳이기도 합니다. 전주부성을 둘러 흐르는 전주천을 중심으로, 동편으로는 낙수정에서 흘러내린 물길과 기린봉 북록에서 시작된 모래내가 인근 마을들의 물줄기가 되고, 남쪽으로는 남고산성의 물길을 모아 흐르는 산성천, 남고산, 보광재에서 흘러내린 물이 공수내를 이루어 전주천의 물길을 더합니다.

기록에 의하면 싸전다리 바로 밑 초록바위는 다가산 아래 그 산세가 갈마음수격渴馬飲水格으로 '말이 풀밭을 찾는다'는 의미에서 명명했다고 전합니다. 그 부근에서는 1866년 천주교인들의 박해가 있었고 동학농민군의 수장 김개남장군이 사형을 당한 역사도 있습니다.

비록 지금은 하천정비공사로 1970년대 이후 인근의 초록바위가 자취를 감추고 공수내 물길은 하천 복개로 인해 모습을 상실된 지 오래지만 과거엔 초등학교 소풍 장소로 올 정도로 각광을 받던 곳이기도 했습니다.

매곡교, 서천교, 완산교로 이어지는 역사

전주시민들이여! 사는 게 고달프거든 매곡교에 반드시 한 번 가보시라! 단돈 몇 천원을 벌기 위해 밤잠을 설치고 나와야 하는 사람들! 그들의 삶이 무엇인지 겪어보지 않은 사람은 세상사를 알 수 없을 터입니다.

조상 대대로 이어온 매곡교의 새벽시장, 남부여대, 곡식을 이고지고 나와 팔기 위해 모여든 사람들은 무수히 많은 시간이 흘렀지만 여전히 질곡 많은 게 우리네 삶인가요. 가끔 매곡교 새벽시장으로 발길을 옮겨 사람 냄새 풀풀 풍기는 상인들을 통해 생기를 느끼곤 합니다.

1931년 9월 전주부호 박기순의 기부금으로 개축한 나무다리가 바로 전동의 '매곡교梅谷橋'입니다. "장다리, 연죽교, 쇠전다리로 부르는 등 명칭이 다양하며, 서천교가 1936년 8월 대홍수로 유실되면서 1938년 3월 매곡교를 서천교 동쪽 상류의 현 지점에 세웠다"고 『한국지명총람』에 소개됩니다. '매곡梅谷'은 맷골(매골, 매꼴)을 의미, 투구봉과 검두봉 사이에 있는 다리라고 나오며, 동완산동에 자리한 것으로 기록됐습니다.

초록바위의 애환을 뒤로 하면 물길은 이내 매곡교에 이릅니다. 예전엔 완산칠봉 골짜기 산기슭엔 봄이면 매화나무 꽃이 만발해 사람들은 이곳을 매곡이라 불렸다는 기록이 바로 그것입니다.

얼어붙은 냇물과 자갈밭에서는 사내 아이들과 남자 어른들이 어울리어 연날리기가 한창이었다. 연 날리는 패들은 쇠전 강변 언저리로부터, 매곡교를 지나 전주교가 가로 걸린 초록바우 동천洞天에 이르기까지 가득하였다.

최명희의 〈제망매가〉에 등장하는 대목입니다. "전주천은 남문시장이 냇물을 끼고 있어 그날 벌어 그날 먹어야 하는 하루벌이 장사꾼들의 차지였다"는 매곡교와 "약藥 장수 창극으로 언제나 흥성거렸다"는 다리 아래 '쇠전강변' 넓은 자갈밭에 이르러 놋쇠소리를 내기도 합니다.

매곡교는 가장 빈번하게 사람들이 왕래하는 다리였는데, 다른 곳과는 달리, 다리 위에서 온갖 광주리를 펼쳐놓고 장사를 하는 통에, 사람과 광주리에 채여 그 틈새를 꿰고 지나갈 수가 없을 지경이었다. (…) 숲말댁은 눈짓으로 매곡교 다리 아래 조금 비킨 자갈밭을 가리켰다. 그곳에는 삿갓 같은 무명 차일이 드리워져 있었다.

이 다리는 남부시장 끝자락에 위치해 있어 사시장철 이른 새벽부터 지금도 사람들이 붐빈다고 해서 '시장 다리'로 부르기도 하며, 다리 아래에 넓은 백사장에 우牛시장이 열려 쇠전廛다리, 담배장수와 담뱃대 장수들이 좌판을 벌이고 앉았다고 해서 연죽교烟竹橋, 혹은 설대전廛다리로 불리기도 했습니다. '설대'란 이대라고도 하며, 대나무의 일종으로 바구니, 담뱃대, 화살대, 조리 등을 만들 때 쓰인 물건을 이름합니다. 남문밖 장날과 같이 2, 7일장으로 쇠장이 섰습니다. 쇠장이 서는 날이면 간이식당처럼 차린 술판에서는 주모들의 간드러진 목소리에 소값을 털어버리는 일이 비일비재하게 발생했으며, 다른 한켠에서는 투전판이 벌어지는 등 쇠장터의 애환을 고스란히 드러내기도 했습니다.

하지만 쇠장터는 일본인들의 전주천 정화라는 미명하에 전주교대부속초등학교 남쪽 자리로 옮겨진 뒤, 매곡교 다리 밑의 쇠장터가 사라졌습니다.

특히 매곡교 부근의 연날리기는 전주만의 풍경으로 한때 유명했으며, 완산동패와 부중府中의 20대 안팎 청년들이 자웅을 겨룬 돌싸움石戰도 있었습니다. 팔매질을 하는 사이, 부중패가 몰릴 때는 지금의 팔달로와 관통로가 연결된 전주객사까지, 완산패가 몰릴 때는 완산칠봉을 타고 넘거나 용머리고개까지 진격했다고.

얼어붙은 냇물과 자갈밭에서는 사내 아이들과 남자 어른들이 어울리어 연날리기가 한창이었다. 연 날리는 패들은 쇠전 강변 언저리로부터, 매곡교를 지나 전주교가 가로 걸린 초록바우 동천洞天에 이르기까지 가득하였다.

최명희 소설가는 매곡교와 사연이 많나 봅니다.

그 중에서도 매곡교는 가장 빈번하게 사람들이 왕래하는 다리였는데, 다른 곳과는 달리, 다리 위에서 온갖 광주리를 펼쳐놓고 장사를 하는 통에, 사람과 광주리에 채여 그 틈새를 꿰고 지나갈 수가 없을 지경이었다. (…) 숲말댁은 눈짓으로 매곡교 다리 아래 조금 비킨 자갈밭을 가리켰다. 그곳에는 삿갓 같은 무명 차일이 드리워져 있었다.

광주리, 널판자 한 조각에 가족의 목숨을 걸어야 하는 남루한 장사꾼들. 순경의 호루라기 소리가 들리면 다리 건너 완산동으로 숨어들었을 터이고, 헐렁하게 남은 빈 다리는 푸른 냇물 위에 덩그러니 걸려, 햇빛을 받고 있었을 터입니다.

이곳의 지명과 흥미있는 얘기도 전합니다.

'맷골梅谷'엔 일본식 건물이 한 채도 없다고 합니다. 일제강점기에 전주에 들어온 일본인 장사치들이 양반들의 위세에 눌려 부중에 살지 못하고 애사당초 빈민촌이 매골에 둥지를 틀었습니다.

때문에 매골에 들어와 정착하려는 일본인들은 들어오는 족족 몇 달을 버티지 못하고 아프거나 죽게 되면서 매골은 기가 쎄서 일본인들이 살지 못한다는 소문이 퍼져 그들이 들어오지 않게 되고, 결국 주로 서문 밖과 다가산 주변에 자리를 잡았습니다.

서천교

현재의 매곡교를 건너 완산칠봉을 가는 길에서 서서학동 가는 초록 바위까지 자유당 시절만해도 연탄이 없는 시절로 솔가지며, 장작 장수들이 아침부터 저녁까지 장을 이뤘습니다. 6.25한국전쟁 이후에도 솔가지가 흔하게 팔려 '전주 솔가지'하면 모르는 사람이 없을 정도로 유명했습니다.

하지만 장이 서면 새벽부터 임실 방면, 완주군쪽이나 정읍 방면, 심지어는 완주군 고산 방면에서 몰려든 나무 장사들이 북새통을 이룬 가운데 짠갈치 한 마리, 검정 고무신을 사 지게에 꽁꽁 묶고 돌아가는 모습이 이제는 추억의 뒤안길로 영영 사라졌습니다.

조선시대 전주천에는 어떤 다리들이 있었을까요? 『완산지』에는 전주부성의 3대 다리인 남천교, 서천교, 추천교만이 등재되어 있습니다. 그런데 흔히들 전주부성에 남천교와 서천교를 비롯해 싸전다리, 쇠전

매곡교

서천교와 매곡교

다리(연죽교), 소금전다리, 사마교 등 여섯 개의 다리가 있었다고 합니다. 여기에 추천교를 합하면 일곱 개인 셈입니다.

서천교로 이름한 것은 이 천을 서천이라고 부르기 때문입니다. 전주천이 완산교를 지나면서 북향하여 전주성의 서쪽을 흐르므로 붙여진 이름인 셈입니다. 서천교 서편에 1847년에 세운 서천교 개건비가 있습니다. 개건시 황방산의 돌로 석교를 세운 것으로 되어 있는데, 지도상에는 나무다리로 나타나 있습니다.

남천교가 남원방면으로 통하는 길목이라면 정읍방면으로 통하는 길목은 서천교였습니다. 현재 완산교가 용머리고개를 넘는 국도상에 있었지만 예전에는 완산교 자리에 서천교가 놓여져 있었다고 합니다.

하지만 서천교는 한양에서 목포를 연결하는 경목선의 중요한 다리인데도 불구, 나무와 흙으로 만들어져 있어 여름과 가을의 장마철이 되어 큰 물이 흐를 때마다 무너져 내리곤 해서 원근의 행인들이 건너다닐 수 없었습니다. 1896년, 김창석이 사재를 털어 개축했으나 오래되지 않아 무너졌으며, 그 후 1931년 박기순이 이곳에 다시 나무다리를 가설했습니다.

서천교를 박참판다리로 부르는 이유입니다. 1966년 8월 11일자 전북일보 기사는 "망각속의 서천교"란 제목의 기사를 냈습니다. 한때 전국 팔도 나그네들의 다리로 서천평교의 돌들을 옮겨 인근 청학루 계단으로 사용했다는 기록입니다.

당시 전주시민의 6분의 1인 2만 여 명이 매일 징검다리나 다름없는 가교를 이용하고 있다고 적고 있습니다. 또, 유일한 관광지인 완산칠봉의 통로라는 점을 들어 서천교 복구의 필요성을 강조합니다.

그래서 1967년 6월 서천교 가설공사 기공식이 있었다고 다른 날짜의 전북일보 신문에 소개됩니다. 당시 남전주 개발을 위한 목적이 컸습니다. 국고 보조금 1,200만원으로 착공된 이 다리는 길이 80m, 폭 7m로 완공 후에는 하루에 1만여 명의 시민들이 왕래를 했으며, 완산칠봉, 청학루 등으로 가는 관광도로 역할까지 했습니다.

1967년 사진 한 장이 유독 눈길을 끌고 있습니다. 이는 완산교의 모습의 하나로, 상여 행렬 뒤로 버스가 따라오고, 지나가는 사람들이 이를 쳐다보는 풍경입니다. 물론 지금은 상여를 찾아볼 수 없지만. 그래서 2008년, 김학곤 화백이 수묵담채로 그린 〈전주 천변〉이란 작품에 상여가 등장하지 않습니다.

시나브로 완산교 다리 밑에 백로가 날아듭니다. 그러나 예나 지금이나 버스가 완산교 위를 오가는 모습은 그대로여서 실경산수로 표현됩니다. 전주부성이 등장하는 고지도를 보면 서천교를 지나서 다가산 못 미쳐 나무다리가 하나 더 있습니다. 이 다리가 지금의 완산교에 해당됩니다. 곤지봉과 마주보고 있는 완산교는 '소금전다리'로, 곤지봉 아래 초록바위 근처의 천변 일대를 가리켜 '나무전거리'로 각각 불렀습니다.

그렇습니다. 완산교는 소금전이 있어 소금전다리 혹은 염전교라고 했습니다. 완산다리에서 서천교로 가는 전주 천변에 전주의 기록 문화를 대변하는 다가서포, 서계서포 등의 책방도 있었습니다. 1922년 전주교와 함께 콘크리트로 완산교가 놓여져 용머리고개를 넘어 정읍방면으로 연결되는 중요한 역할을 했습니다. 이어 1936년 대홍수 때에 유실되었으나 그 이듬해 다시 완공하고, 1970년 6월부터 10월 사이에 재시공, 오늘에 이르고 있습니다.

인근 천변에는 종종 가설극장이 자주 등장했습니다. 그 곳에서는 약을 팔기도 했지만 국악공연도 곁들여졌습니다. 당시 많은 학생들이 학교를 땡땡이치더라도 자주 그곳을 찾았다고. 그때 판소리 한 대목을 들으면서 추임새를 넣을 수 있었고 풍물굿에 어깨를 들썩거렸습니다. 어디 그뿐인가요. 대금소리에 울먹이고 가야금소리에 기쁨을 느꼈습니다.

또, 심심찮게 연극공연도 있었습니다. 신파극 아니면 국극이었지만 우리 모두는 웃고 울었습니다. 클라이맥스에 다다르면 중간 막을 닫고 약을 팔긴 했지만, 그래도 엄청난 인내심을 갖고 기다렸지요. 사정이 이렇다 보니 번데기 장수, 우뭇가시 장수, 개떡 장수, 풀떼기 장수 등이 장사진을 이루기도 했던 명소의 하나임에는 틀림없습니다.

완산교

완산교(ⓒ윤철규)

아픔을 보듬은
다가교

전주의 다리 가운데 이름이 가장 많이 바뀐 다가교

한번 지어진 이름은 세월의 무게를 켜켜이 담아내며 그 이름이 호명될 때마다 그 속에 담긴 사연과 정황을 되살리게 합니다. 전주에 놓인 다리들 속에는 고단했던 삶의 흔적과 효열을 중시했던 시대정신의 일면이 들어있습니다.

전주천의 다리 이름의 변화를 알아볼까요. 남천교는 천석교, 남천석교, 새다리, 싸전다리는 미전교, 매곡교는 장다리, 연죽교, 쇠전다리, 완산교는 소금전다리, 염전교, 진북교는 상생교, 도토리골다리, 추천교는 용산교 등으로 불리웠습니다. 특히 다가교는 삼마솥다리, 대궁교, 사마교, 삼하교, 사정다리, 신한교, 신흥교로 불리는 등 전주의 다리 가운데 가장 명칭이 많이 변경됐습니다.

다가교

도토리골다리

상처마다 꽃이 피고, 눈물마다 별이 뜨는 게 다가교인가요. 여기서 '사마교'란 조선 전기 향교의 글 읽는 소리가 진전에 모셔진 이성계 어진의 심기를 건드린다고 해서 이전하여 향교를 왕래하는 학동들이 건너는 다리였다는 의미입니다. 학동들은 생원, 진사를 뽑는 사마시험을 준비했기 때문입니다.

사마교를 건너 왕래하던 학생들의 고충은 이만 저만이 아니었던 것 같습니다. 큰물이 지면 향교에 갈 수 없었고, 종종 호랑이가 나타나기도 했었다고 전한다는 홍성덕 전주대학교 교수의 설명입니다.

사실 1920년대까지도 전주에 맹호가 출몰하였다는 기사가 있는 것을 보면 그보다 수백년 전에 다가산이 자리한 유연대 자락은 울창한 숲이 있었고 맹수들을 찾아볼 수 있었을 것입니다. 이같은 이유와 '좌묘우사左廟右社'라는 도시계획이념이 적용되어 임진왜란 직후 전주향교가 지금의 자리로 옮겨지면서 사마교의 의미는 다리만 남겨 놓은 채 사라져 갔습니다.

다가교 부근에는 전문적으로 빨래를 삶아주는 업종이 생겨 톡톡히 재미를 보기도 했습니다. 불과 수십년 전만 하더라도 전주천 냇물의 양편에 반듯한 돌들을 배열해 놓고 여기에 여인들이 앉아 맑은 물에 빨래를 씻으며 방망이질을 하던 풍경이 있었습니다. 대규모 빨래집단이 생긴 것이지요. 전주천에서 풍광이 좋은 곳이라면 한벽당이 으뜸이었을 것이고, 그 다음의 자리를 차지하는 것은 다가교였을 것입니다.

그러나 다가교는 씁쓸했던 우리 역사의 아픔을 담고 있기도 합니다.

일제 강점기 다가교를 '대궁교大宮橋'라 부른 것은 신사에 참배하기 위해 건너는 다리였기 때문입니다. 1914년 전주신사가 다가산의 정상

신흥고등학교 역사의 시작 희현당

희현당 중수비(좌)

희현당 사적비(우)

에 세워졌고, 그곳에 오르는 길은 '참궁로參宮路'라 해서 잘 닦아 놓은 것입니다. 다리가 1920년 홍수로 유실되어 버리자 박기순이 1만원을 기부해 철근콘크리트 교각에 나무 상판을 얹은 다리가 새로 놓였습니다. 하지만 나무 상판을 얹은 이 다리는 그리 오래가지 못했습니다.

1935년 4월 1만원의 돈을 들여 6월 새로운 다리를 세우기 시작합니다. 총길이 58m, 폭 7m의 크기로 교각은 물론 상판까지 철근 콘크리트로 세운 다리였습니다. 1937년 다가교 부근에는 지금의 한강 유원지처럼 보트장도 만들었다고도. 다가교는 이어 1981년 2월부터 9월까지 확장을 확장했습니다.

콘크리트 다리로 바뀐 다가교는 강제로 전주신사에 참배를 해야 했던 전주사람들에게 치욕의 다리이기도 했지만, 선너머 아래 자리잡은 신흥학교와 기전학교 학생들에게는 다리 건너 서문교회에 예배를 드리러 가는 신앙의 다리였습니다.

신흥고등학교 3.1운동 기념비

오늘날, 두 다리를 건너오고 가는 사람들이 느끼는 상반된 이런 의미야말로 우리 역사의 아픔을 생생히 말해 줄 수 있네요. 그래서 지금은 쓰지 않는 신한교新韓橋라는 말은 해방 후 새롭게 만든 대한민국 제일이라는 의미가 깃든 것은 아닐까요. 또는 신한공사가 재산을 관리했기 때문에 붙여진 이름인가요?

사마교를 지나면 도토리골 앞으로 나무다리가 나옵니다. 사직단 북쪽 도토리골 천변에 종이를 만드는 외지소外紙所가 있는데, 바로 그 앞이지만 다리 명칭은 표기되어 있지 않습니다.

도토리골과 다리 사이에 길게 뻗어내린 산자락 부근에 일본인 작부들이 기거하는 유곽이 들어섰다는 김남규 선생의 기록이 보입니다. 당시를 기억하는 사람들 말로는 도토리골 쪽 유곽에 가려면 배를 타고 건너야 했으며 그래서 이곳에 드나드는 사람들은 당시 방귀 꽤나 뀌는 사람들이었다고 합니다.

이곳에 유곽이 생긴 것은 왜인들이 전주부성의 서문과 부근의 성벽들은 허물고 형성한 근대적 도시 공간의 끝부분에 자신들을 위한 욕망의 배설 창구를 만든 까닭입니다. 구 진북교는 1936년 홍수로 유실되었다가 1938년에 다시 가설하여 당시 태평동의 구 명칭인 상생정의 이름을 따서 상생교라 했다고 합니다. 해방 후에는 상생교를 진북교라 부르게 되었으며, 최근에 진북터널이 뚫리면서 전주천에 놓인 다리가 진북교가 되고, 원래의 진북교는 구 진북교가 되었습니다.

옛 진북교

켜켜이 담아내는 이름의 무게

전주천을 사이에 두고 어은골과 중앙동을 이어 나란히 놓여 있는 보행자용 다리는 흔히 어은골 쌍다리로 불립니다.

징검다리가 고작이었던 개설 당시에는 어엿한 위용을 과시했겠지만 지금은 왜소하고 남루하다는 인상을 받곤 합니다. 더욱이 현대식 교량보다는 낮게 설치되어 있어 전주천에 큰물이 지면 잠기곤 합니다. 전주

천의 잠수교인 셈입니다.

　최근 들어 쌍다리 옆에 인공 개울을 만들어 놓았습니다. 이곳은 어린이들이 물속식물과 물고기들의 사는 모습을 관찰하며 체험할 수 있도록 해 놓았지만 앞으로 철거 계획이 서 있어 아마도 머지 않아 사라질 것으로 보입니다. 하지만 정식 명칭도 아닌 통칭 불리는 이름을 대면 모르는 사람이 없고, 어은골 주민들에게는 없어서는 안 될 중요한 다리가 바로 어은골 쌍다리입니다. 50여 년 동안 전주천을 지켜온 것입

쌍다리

겨울의 쌍다리

어은교

니다.

전주천은 양편에 고사뜰과 사평뜰을 두고 북진하다가 고사뜰 북쪽 꼭지점에서 삼천과 만나 가래여울을 형성합니다. 가래여울에 놓인 다리가 바로 추천교로, 이는 약 400여 년 전 추탄의 효행을 기려 명명된 이름입니다.

내려오는 이야기로는 일찍이 가르내(하가마을) 일대는 전주이씨들의 집성촌이었다고 합니다. 호가 추탄인 전주이씨 후손 이경동의 아버지達誠公가 중병으로 어느 날 밤 사경을 헤맸습니다. 이경동은 급히 인근 비석날(현재 팔복동 버드랑주)에 사는 명의한테 찾아가 처방약을 받아들고 귀가를 서둘렀습니다. 그런데 갑자기 폭우가 쏟아지면서 전주천이 삽시간에 범람했습니다.

이에 이경동은 앞뒤 가릴 것 없이 물을 건너기 위해 전주천에 뛰어들었습니다. 그러자 물살이 양쪽으로 쫘악 갈라지면서 길이 열렸습니다. 이른 바 현대판 홍해의 기적이 일어난 것입니다. 물론 냇물은 추탄이 건너간 다음 다시 합쳐졌습니다. 이 이야기가 알려지자 그의 효성에 하늘도 감동했다며 칭송이 자자했습니다. 그의 부친은 얼마 후 기사회생했고, 그 뒤 마을 사람들은 이곳에 나무다리를 놓았습니다. 이 다리가 바로 전주이씨의 호인 '추탄'의 '추'자를 딴 추천교입니다.

이경동의 효행을 기린 비가 팔복동 황방산 밑에 있습니다. '가선대부, 병조참판겸 지의금부사 사헌부 대사헌 추탄선생 조대비'라고 새겨져 있습니다.

완산종,
종소리 크게 울려라

어둑한 신새벽, 희끄무레한 박명을 뚫고 사위의 고요를 깨우는 장중하고 은은한 범종 소리는 신묘합니다. 마치 사람 마음을 모두 헤아리고 있다는 듯이 가슴을 파고듭니다. 소리는 귀로 듣습니다. 하지만 뭇소리들 가운데는 단순히 귀로 들어 거기에 담긴 뜻이나 아름다움을 느낄 수 없는 것이 있습니다. 가슴으로 듣지 않으면 그 참맛을 알 수 없는, 혼의 소리 가운데 하나가 범종소리 아닌가 싶습니다.

우리나라 종은 맑고 청아한 음색으로 유명하지요. 특히 둔탁한 소리를 내는 중국 종이나 맑기는 하지만 여운이 없는 일본 종, 단순한 쇳소리에 지나지 않는 서양의 종과는 비교가 되지 않습니다. 전문가들은 서양 종은 안에서 쳐서 소리를 내기 때문에 방울에 가깝다고 말합니다. 우리나라 종처럼 치는 쇠북이라야 제대로 된 종 대접을 받습니다. 에밀레종의 소리를 들어본 사람들은 감탄을 금치 못합니다.

종의 꼭대기에는 어느 종이라 할 것 없이 용 모양의 고리가 달려 있습니다. 중국 문헌인 『오잡조五雜組』와 『잠확류서潛確類書』, 『진수선眞珠船』 등에 따르면 용에게는 다양한 특성과 능력을 가진 아홉 마리의 아들九龍子이 있습니다. 그 중 하나인 포뢰蒲牢는 울기를 좋아하였고, 목소리도 우렁찹니다.

지옥중생에게까지 부처님의 범음인 종소리를 전달하고자 했던 당시 사람들로서는 포뢰의 목소리처럼 크고 우렁찬 종소리를 갖기를 염원했던 것은 당연한 일. 그래서 종 꼭대기에 용을 조각하게 된 것입니다.

한 번 치면 천지가 요동하듯 장중하게 울리다가 다시 치솟아 오르고 길게 여운을 드리우면서 스러져가는 그 잔향을 잊지 못합니다. 종소리를 만드는 기술은 설계, 조각, 주조, 합금, 음향, 진동 등 여섯 가지 요소가 맞아 떨어져야만 가능한 종합예술이라고 하며, 한옥마을의 종은 저마다 사연을 갖고 있습니다.

지금은 사라진 남고사의 종소리

남고모종南固暮鐘은 완산8경 가운데 하나로 꼽힙니다. 뉘엿뉘엿 해가 지는 저녁 무렵, 남고산 자락을 휘감아 내리는 쇠북 소리는 그것만으로도 하나의 좋은 경치임이 분명합니다. 그러나 지금은 어디까지나 옛 풍경에 지나지 않습니다.

원래 남고사의 종은 정확한 기록은 없으나 분실된 것으로 전해지기 때문입니다. 일본에 약탈된 우리나라 종은 신라 종을 비롯, 고려·조선종 등 60개가 넘는다고 합니다. 그 가운데 20개는 일본의 국보로 지정됐다고 합니다.

현재 남고사 종은 1967년에 새로 주조돼 사용되다가 깨져 사용하지 않은 까닭에 훼손돼 남고사의 우물 옆에 방치돼 있습니다. 우선, 행방부터 찾아보고 못 찾으면 다시 만들어야 하지 않을까 생각합니다. 남고 모종 복원은 전통문화의 맥 잇기와도 연관되는 만큼 전주시의 노력을 기대합니다.

전동성당 종 1915년 축복식

프랑스인 마리아 앙리에트가 봉헌한 전동성당 종은 약 350kg입니다. 1915년 8월 24일 대구교구장 드망즈 주교 주례로 아침에 미사를 봉헌한 바 약 900명이 영성체를 하는 등 미사가 끝나고 종 축성식이 있었으며, 그 후 77명이 견진성사를 받았습니다. 〈경향잡지〉는 당시 종 축복식 광경을 이처럼 생생하게 전해주고 있습니다.

주교께서는 80여명 교우에게 견진성사를 주시고 이어 성체강복을 하신 후에 종을 달아 삼종을 치니 소리 기묘하고 웅장하야 사람의 마음을 크게 움직이는지라 여러 교우들이 흔히하고 용약하야 일제히 삼종을 외우고 이제부터는 이곳에 귀막힘과 같이 지내던 외교인들도 성교회 소리에 많이 감화하야 천주의 영광이 하늘에서 이룸같이 땅에서도 또한 이루어지기를 바라더라.

전동성당 종탑

전동성당사제관을 지은 라크루신부가
사망할 때는 아무도 죽음을 지켜보는 사
람들이 없었습니다. 그의 죽음은 임종자
를 알리는 종소리로 전해졌습니다. 그가
사망할 때는 전주의 치명자산에 무지개
가 섰다고 합니다. 그의 주검은 전동성당
을 지은 보두네 신부의 곁에 묻혔습니다.

하지만 종이 사라질 위기도 있었습니
다. 1942년 일제가 전동성당 종을 공출
하려 하자, 당시 보좌였던 오기순 알베르
토신부가 "만일 적이 공습했을 때, 전기

전동성당 종

나 통신이 끊어지게 되면 성당 종을 쳐서 사람들에게 알릴 수 있고, 또 매일 울리던 종이 울리지 않으면 사람들이 불안해 할 것"이라고 말해 위기를 모면했습니다.

전북의 나바위와 수류성당과 전주 시내 개신교회의 종은 모두 공출 당했으나 오신부의 임기응변으로 전동성당 종만 공출을 면할 수 있었 습니다. 한때 매주일 오전 10시 30분 교중미사 때만 전동성당의 종소 리를 들을 수 있었지만 울리지 않습니다.

병인박해 때 순교한 정문호, 조화서, 손선지, 이명서, 한재권, 정원 지, 조윤호 등 7명이 1984년 성인품에 올랐으며, 신해박해 때 순교한 윤지충과 권상연, 신유박해 때 순교한 유항검과 유중철, 이순이 등 천 주교 전주교구 순교자 24위가 2014년 8월 16일 프란치스코 교황이 복 자로 선포한 만큼 이 세상에 평화와 사랑의 종을 친 것은 아닐런지요.

서문교회 종탑 한국 최고

전주 서문교회의 한옥 종탑은 1892년 7인의 선교사로 들어와 1908 년, 별세한 남편 전킨W.M. Junkin(전위렴)을 기념해 부인 메리 레이번M. Leyburn여사가 기증한 직경 90cm짜리 큰 종을 달기 위해 만들었습니다.

이 종은 미국에서 제작돼 군산항을 걸쳐 오게 되는 데요, 황소가 땀 을 흘리면서 오는 장면이 눈길을 끌고 있습니다. 바로 이 해에 종각 상 량식을 가졌는데요, 이 때 찍은 사진에는 레이번 여사와 딸의 뒷 모습 이 고스란히 모습을 드러냅니다.

서문교회 종탑

　직경이 약 90cm에 이르며, 종이 울리면 웅장하면서도 맑은 소리가 20리 밖에서도 들렸다고 합니다. 하지만 1944년 일본이 전쟁 무기를 제조하기 위해 공출할 때 '전킨 목사 기념종'이 빼앗기면서 그 모습과 그 소리를 잃게 됩니다.

　1945년 해방 후 국내에서 제작된 종을 구입해 허전했던 그 자리를 메꾸어 달아 놓은 것이 현재에 이르고 있습니다. 높이 6m 80cm인 종각의 처음 위치는 현재의 예배당 정문 계단에 자리했지만 그 후 수차례 옮겨서 현 위치에 서 있으며, 국내에서 가장 오래된 독립된 종탑으로 평가받고 있습니다.

낙수정의 동종 다까하라 히미꼬 여사 기증

흔히 낙수정이라고 하면 군경묘지를 떠올립니다. 6.25전쟁 때 희생된 국군의 영령들을 모신 묘지로, 전주에서 가장 동쪽 기린봉과 승암산 사이로 뻗어 내린 맥이 멈춘 언덕빼기에 조성되어 있어 풍수지로로도 명당이라고 할 만 합니다. 어쩌면 이 영령들이 전주시를 굽어보며 전주를 지켜주고 있는지도 모릅니다.

그리고 낙수정이라고 하면 '전 낙수정 동종'이 유명합니다. 1999년 7월 다카하라 히미꼬高原 日美子라는 여인이 일본 후쿠오카현청교육위원회를 방문하여 한국 종 1구를 기증하고 싶다는 의사를 밝힌 후 같은 해, 11월 5일 동종은 한국으로 돌아왔는데, 고향을 떠난 뒤 실로 73년 만에 그리운 고국 땅을 밟은 것이었습니다. 이 동종은 2001년 9월 21일 보물 제1325호로 지정되었고, 이후 국립전주박물관으로 이관됩니다.

이 동종이 국립전주박물관의 소장품이 된 것은 일제강점기 3대 조선총독인 사이토 마코토齊藤實가 1926년 일본 수성원水城院에 동종을 기증하면서 보낸 편지에서 확인할 수 있습니다.

사이토의 편지에 따르면 동종은 당시 전주면全州面에 살던 박모朴某가 자신 소유 낙수정樂壽亭 수리 시 땅 속에서 발견한 것으로, 1916년 경성京城에서 열린 공진회共進會에 출품한 바, 동종의 원소재지가 전주였던 것입니다.

한편 동종이 발견된 곳에서 1909년에 '開元寺(개원사)'가 새겨진 기와가 나왔다고 합니다. 이로 미루어 볼 때 이 동종은 개원사라는 절에 걸려있던 종으로 어느 때인지 모르지만 종을 매다는 부분이 깨어지자 땅속에 묻혔던 것으로 여겨집니다. 이후 개원사는 폐사되고 조선시대 낙수정이라는 정자가 들어섰을 것으로 생각된다는 국립중앙박물관 진정환 학예연구사의 설명입니다.

전 낙수정 동종은 통일신라 동종을 연상시키면서도 고려 초 동종의 세부 표현과 유사한 것으로 미루어 10세기 중엽에서 11세기 전반에 조성하였을 것으로 추정됩니다. 그런데 이 동종과 흡사한 종이 일본 원청사圓淸寺에도 있습니다. 이 두 종은 크기는 물론이고 넝쿨무늬·비천 등의 모습까지도 유사하여 같은 장인匠人이 동일한 문양판文樣板을 사용하여 조성한 것으로 추측됩니다.

불가佛家에서 동종의 소리는 '일승지원음一乘之圓音', 즉 '부처의 소리'를 의미합니다. 또 종을 매다는 부분의 대나무 관과 같은 음통은 모든 소원을 들어준다는 신라의 보물 만파식적萬波息笛을 형상화한 것이라고 합니다. 천년 전 옛 전주 사람들에게 마음의 평안을 주고 소원을 들어주었을 이 동종의 소리는 지금도 국립전주박물관 전시실에서 울려 퍼지고 있습니다.

낙수정을 복원하고, 또 그 자리에 종을 가져다놓고 칠 수 있다면 한옥마을의 자랑거리가 되지 않을까요. 그래서 맑고 깊고 은은한 종소리로 중생들 정화시키며 불국토 실현을 염원하면서 낙수정의 동종이 세상을 울리기를 바랍니다.

풍남문의 완산종 전주의 상징

150cm의 키에 남루한 옷차림. 어눌한 움직임 속에서도 늘 머금었던 미소. 기초생활수급자이면서도 연말이면 어김없이 동전까지 모아 이웃돕기 성금을 냈던 사람. 40년 세월 동안 풍남문을 지키며 살아왔던 고 정종실 씨.

정종실이라는 이름보다 '풍남문 지킴이'를 더 자랑스럽게 생각했던 그가 2008년 2월 싸늘한 주검으로 발견됐습니다. 정씨는 전주시 남부시장 상인들에게 정겨운 존재였습니다. 주변 쓰레기를 줍고 부서진 시설물은 손수 뚝딱 고쳐내기도 했으며 그와 여러 차례 대화를 나눈 기억이 생생합니다. 전주시는 정씨에게 1983년 일용직 직무를 부여해 교통비를 보조하기도 했으나 1991년까지 뿐이었습니다.

시나브로 창밖에 겨울이 깊어갑니다. 이제 며칠 후면 어둠을 헤집고 올 한해를 마감하는 제야의 종소리가 들려올 터입니다. '제야除夜'는 글자 그대로 어둠을 걷어내는 것 즉, 묵은해를 보내고 새로운 해를 맞이하는 것을 의미합니다. 때문에 전주 풍남문의 제야의 종은 사람들은 후회와 자책을 불사르는 한편 새해의 희망을 염원한 채 은은하게 우리 주위에 울려 퍼질 것입니다.

새해 첫날이 밝는 자정, 전주 풍남문에서 제야의 종을 33번 치는 것은 조선시대에 이른 새벽 사대문 개방과 통행금지 해제를 알리는 타종, 즉 파루를 33번 친데서 연유합니다. 시계가 없던 지난 시절, 사람들은 해를 보고 시간의 흐름을 짐작했습니다. 해시계가 보급된 후엔 조금 나아졌지만 밤중에 시간을 몰라 답답하기는 마찬가지였습니다. 그래서

풍남문 종루

풍남문 종

백성들에게 밤 시간을 알려주는 것이 정부가 맡은 큰 일 중 하나였지요.

하지만 이 소리를 모든 주민이 들을 수는 없었기 때문에 사대문이 닫히고 주민 통행금지가 시작되는 이경(밤 10시경)과 통행금지가 해제되는 오경(새벽 4시경)만큼은 종로 보신각에 있는 대종을 쳐서 널리 알렸습니다.

이경에는 대종을 28번 쳤는데, 이를 인정이라 했고, 오경에는 33번 쳐 이를 파루라 했습니다. 인정에는 28번을 친 것은 우주의 일월성신 이십팔수(28별자리)에게 밤의 안녕을 기원한 것이고, 파루에 33번을 친 것은 제석천(불교의 수호신)이 이끄는 하늘의 삼십삼천에게 하루의 국태민안을 기원한 것입니다.

이는 불교의 우주관에서 보면 28계 33천 신앙에서 유래됩니다.

33의 삼三은 해日, 달月, 별星의 삼광三光으로 양수陽數의 길수吉數가 됩니다. 이 삼三을 중수 중삼重數 重三으로 하면 삼삼三三의 33이 됩니다. 섣달 그믐날 밤 자정에 여러 곳의 절에서는 뭇 중생의 백팔번뇌를 없앤다는 뜻으로 종을 108번 울렸습니다.

1929년 정초에 제야의 종소리를 일본 경성방송에서 생방송으로 내보낸 것이 시초입니다. 해방 이후 1953년 말부터 제야의 종 타종이 재개됐으며, 서울의 보신각종이 사용됐으며, 한옥마을의 풍남문 종이 울리고 있습니다.

풍남문에 달린 종의 이름은 '완산종完山鐘'입니다. 1365년 전라관찰사 최유경이 전주읍성을 축조할 당시부터 있었으며, 동, 서, 남, 북 등 사방에 종을 달았습니다.

정유재란 때 종이 사라져 광해군 초에 이르러 남문에 다시 종을 달

제야축제

제야축제

앉지만 크기도 작고 소리가 적어 1655년에 이르러 관찰사 겸 전부부
윤 이만, 판관 윤비경이 철을 모아 주조했지만 오래 가지 못해 잠시 북
으로 이를 대신했습니다. 1731년 관찰사 겸 부윤 민응수, 판관 이현필
이 다시 만들었으나 1767년 화재로 소실되고 1796년 관찰사 겸 부윤
서정수, 판관 윤광수가 다시 주조합니다. 이어 1810년 관찰사 겸 부윤
조인영, 판관 이희평의 노력으로 다시 주조한 바, 구경이 1.42m, 높이
1.79m, 무게 1,987kg이었습니다.

1922년 전라북도 상품진열장(구 객사, 당시엔 전북교육참고관)에서 물산
공진회가 열린 바, 이 종을 종각과 같이 진열장 앞마당에 옮겨 놓았다
가 1932년에 다시 남문 누각 2층에 매달았지만 해방 후 악덕 상인이 이
를 부셔 고철로 팔아 없어졌다고 합니다.

1960년 1월 29일의 기록을 보면, 3.1절에 울리기 위해 주조에 들어

간 완산종이 재료가 부족해 전북 도민들의 놋쇠 기증을 호소합니다. 그 동안 6,000근을 모았는데요, 1,000근이 더 필요했답니다.

이 해 2월 26일 중량 7,000근, 높이 6척 9촌, 직경 4척 7촌의 완산 종 주조를 마치고 옛날의 그 자리에 매달았구요, 3월 1일에 이르러서 남문대종 재현식을 갖습니다. 하지만 3월 8일 윗편에 붙어있는 무궁화 장식 사이에 균열이 발견돼 재주조에 들어갑니다.

"그대가 나를 진정으로 사랑한다면 풍남문 종소리에 나를 깨워서 남 고산성 달빛 아래 나를 재워주~ 아~아 덧없이 세월은 흘러가도 백제 서울 옛 꿈이 마냥 새로워~"가수 송민도가 1960년 초여름, 전주 백도 극장(후에 오스카극장)에서 발표한 전주의 노래가 〈전주의 왈츠〉로, 풍남 문의 종소리로 인해 나로 하여금 깨어나게 한다고 했나요.

석양에 한벽당 부근 버드나무 아래 평상에서 오모가리 매운탕에 우 정을 나누다가, 건너편 남고산성에 걸친 둥근 달을 우러러보면서 "남고 산성 달빛 아래 나를 재워 주~"하고 노래를 뽑으면 옆자리 사람들도 목 청을 함께 돋우며 하나로 동화됐던 때가 있습니다.

전주 사람들은 누가 말하지 않아도 "백제 서울 옛 꿈이 마냥 새로워 ~"하는 바, 긴 여운의 가락은 좁은 목을 돌아오는 살가운 바람에 실려 전 주천 냇물과 함께 흘러갔습니다. 이에 동고산성의 깊은 산 그림자도 굽 이치는 물살에 휩쓸려 바위에 부서지며 천년의 꿈을 삭히지 않았나요.

그런데 이 종이 어디로 사라졌나요. 1977년 2월 4일 풍남문 완산종 복원추진위원회가 명예 추진위원장에 황인성 전북도지사를, 위원장에 김상술 전북민간단체 새마을운동협의회장을 선출한 가운데 첫 회의를 열었습니다. 중량 1,000관의 종을 만들어 풍남문 종각에 달기로 결정하고, 3월 22일 임시로 완산공원에 세우기로 의견을 모았습니다.

그렇게 해서 1977년 6월 17일 단오에 갖는 전주시민의 날 행사에 완산종이 복원돼 전야제에서 비로소 타종을 시작합니다. 이 종은 모두 여섯 차례에 걸쳐 주조됐으며, 종명鐘名은 김해강시인의 시인의 글이며, 종기鐘記는 조병희 시조시인, 박병순 시인의 합작이었지만 종면鐘面에 이름을 밝히지 않았다고 합니다.

1980년 풍남문의 대대적인 보수 작업과 함께 종각이 완성돼 이 자리에 임시로 세를 살던 종이 제집을 찾아 지금의 풍남문 종각으로 옮긴 후 오늘에 이르고 있으며, 12월 31일과 전주시민의 날에 풍남종 소리를 들을 수 있습니다.

전라감영의 주 입구인 명견루(현 풍남문)는 경목선도로 중앙지점 즉 전주상공회의소 앞 사거리에 있었던 것으로 보여지는데요. 1743년에 건축된 이곳엔 신문고 가 설치된 바, 백성들의 억울한 민원을 전라감사 (전라도관찰사)에게 직소했다고 하는 바, 이 일대에 종을 칠 수 있는 자리를 따로 만들어 전북 도민들의 이야기를 수시로 듣게 하면 얼마나 좋을까요. 또 완산종 등 전주의 종 모형을 만들어 한옥마을을 찾는 사람들에게 팔면 어떨런지요.

한옥마을 인근의 정혜사 관음서원 원각사의 범종 소리를 들은 적이 있나요? 종소리를 더 멀리 내보내기 위해서는 종은 언제나 아파야 합니다. 맑고 그윽한 향기를 피어올리기 위해선 매화는 춥고 긴 겨울을 견뎌야 하고, 종소리를 멀리 보내기 위해서는 종은 더 아파야만 합니다.

진주를 머금기 위해 조개는 깊은 상처를 안아야 하고, 감나무가 생가지를 찢는 것은 고욤 열매가 아닌, 감을 잉태하기 위해서입니다. 벌레와 뙤약볕, 벌들과 싸워야 하는 꽃은 더 진한 향기로 세상을 따뜻이 보듬기 위해서입니다.

아름다운 종소리를 더 멀리 보내기 위해서 더 아파야하는 것. 그 소중한 뜻을 깨닫지 못했었기에 무척이나 아파했던 지난 시간들이 부끄럽습니다. 새소리가 맑고 아름답기 위해 새는 더 오래 외로워야 한다는 것. 그래서 울지 않기로 다짐합니다. 누군가를 더 따뜻하게 사랑하려면 스스로 더 춥고 아파야 하는 지도 몰라요. 나는 춥더라도 당신은 나로 인해 따뜻했으면 참 좋겠습니다. 종소리를 더 멀리 내보내기 위해서는 종은 더 아파야 합니다.

오늘, 아름다움과 꽃도 피워보지 못한 후백제의 안타까운 사연들을 생각하면서 '왕도王都 전주'의 자부심으로 완산종을 잘 지키는 시민이 되어야겠다는 다짐을 해봅니다. 올 한 해도 제야의 완산종 소리와 함께 역사 속에 그렇게 불꽃을 사르면서 서서히 묻히게 되는가요. 삼백예순 다섯날 풍남종의 종소리가 은은하게 퍼져나가는 오늘이소서. 내일이소서.

한옥마을
느린 편지와 우편함

　지붕 같은 하늘채에는 흰구름이 윤무하고 침실 같은 대지와 출렁이는 저 하늘 밑엔 푸른 산과 꼬막 등 같은 사람의 집, 아름다운 전주천이 천년의 세월을 아는지 모르는지 무심하게 흐르고 있습니다.

　꽃밭에서 불어오는 가을 바람은 코스모스 빛깔입니다. 바람이 내게 와서 말합니다. 나는 모든 꽃을 흔드는 바람이에요. 당신도 꽃처럼 아름답게 흔들려 보세요. 흔들리는 것을 두려워하지 않아야 더욱 아름다워질 수 있답니다.그러고 보니 믿음과 사랑의 길에서 나는 흔들리는 것을 많이 두려워하면서 살아온 것 같네요.

　종종 흔들리기는 하되 쉽게 쓰러지지만 않으면 되는데 말이지요. 아름다운 것들에 깊이 감동할 줄 알고 일상의 작은 것들에도 깊이 감사할 줄 알고 아픈 사람 슬픈 사람 헤매는 사람들을 위해 많이 울 줄도 알고 그렇게 순하게 아름답게 흔들리면서 모처럼 손편지를 쓰면서 이 가을을 맞이하고 싶습니다.

전주관광안내소와 천년누리 노란 우체통

전국 곳곳마다 '느린 우체통'이 인기입니다. 부산 동구 초량동 컴퓨터과학고 뒤편 공터엔 '유치환 우체통'으로 불리우는 전망대가 세워졌고, 인천 영종대교기념관에도 2009년 '느린 우체통'이 생겨 수만 여 통이 넘는 편지가 모였고, 청산도 범바위, 경부고속도로 청원휴게소, 거제 해양파크, 서울 북악스카이웨이 팔각정, 청주시립도서관 전주 한옥마을 등에도 '느린 우체통'을 만날 수 있습니다.

이 우체통에 우편물을 넣으면 6개월 또는 1년 뒤, 또는 특정 기간에 배달이 됩니다. '빠름, 빠름, 빠름'이 대세인 시대에 느림의 미학과 기다림의 의미를 되새겨 보자는 취지인 것 같습니다. 우체통은 앞만 보고 숨 가쁘게 달리는 자신의 삶을 되돌아 보기도 하고, 사랑하는 사람이나 소중한 이에게 마음을 전할 수 있는 뜻 있는 시간을 가질 수 있겠군요.

불편하지만 느리게 살기를 스스로 택한 사람들이 주변에 제법 많습니다. 저는 종종 행복한 삶이 무엇인지 되묻곤 합니다. 자본주의의 속도에 몸을 맡기고 사는 현대인에게 잠시 숨을 고르며 생각해 보라고 말하고 싶습니다. 느리고 불편한 삶이 현대인을 살리는 지속가능한 삶이 아닐런지요.

과정 속에서 나의 성장과 성숙은 이룰 생각은 하지 않고, 어떻게 하면 이 힘든 과정을 끝내버리고 빨리 쉽게 좋은 결과를 이루어내는 것만 생각하다 보니 매사가 건성으로 그냥 흘려버리면서 주마간산走馬看山처럼 지내며 너무나 많은 것을 놓치게 되지는 않는지요.

더디 가더라도 바른 길로 가고 싶습니다. 삶과 나의 존재라는 전체의 과정 속에서 바른 것이란 무엇일까요? 아마도 속도가 아니라 방향성일 것입니다. 모든 것을 충분히 경험하면서, 결과보다는 과정을 중요시 생각하면서 매순간 순간에 충실하면서 천천히 가야만 하는 것이 아닐까요? 이처럼 즐거움, 행복, 기쁨들도 차근차근 과정 속에서 충분히 누려야만 완성에 이르는 것은 아닐런지요? 물론 인생은 미완성이겠지만요.

한옥마을의 밤 풍경이 제법 곱습니다. 이내 귀퉁이 작은 점방가게마다 가로등이 불빛을 반사하면서 영롱함을 선사합니다. 봄 밤 한기에 몸을 움츠리며 고개를 드는데, 담장 위 담쟁이넝쿨의 조막만한 잎사귀가 참 앙증맞습니다.

하늘에선 작은 별들이 하나 둘 반짝이고요, 느림보 달팽이의 취한 눈, 깊숙하게 비추면서요. 지금부터 더디 가더라도 바른 길로 가고 싶습니다. 제 아무리 더디 가더라도 '사람 사는 세상' 만드는 일에 대한 꿈 끝내 포기하지 말자고 스스로에게 다짐해봅니다.

빠름이 강조되는 정보통신분야에서 '느림'이 사람들을 끌어들이고 있는 가운데 '느린 우체통'의 소문이 나면서 바쁘게 돌아가는 일상에 지쳐갈 때, 작은 쉼표를 찍을 수 있는 여유가 생활 속에서 서서히 자리를 잡아가겠지요. 손으로 눌러 쓴 편지의 기억이 까마득하군요. 이메일, 문자메시지에 밀려 '손 편지'가 '이색 편지'가 된 시대에서는.

느린 우체통

　한옥마을 작은 안마당 장독대에 석양 빛 서서히 내리고 있습니다. 붉은 햇살은 처마에 걸터앉았다가 한 나절 잘 쉬었다 간다고 인사를 합니다. 시나브로, 대금 소리와 함께 타닥타닥 불 지피우는 소리가 들리면 목청 큰 소리꾼의 함성이 서서히 잔잔해지면서 밤은 이내 더욱 깊어지고 그윽한 정취를 선사합니다. 손님 맞이에 분주한 이들 마을의 이른 아침. 달그락 달그락 그릇을 옮기는 소리와 인근의 전주향교에서 들려오는 새들의 지저귐은 게으른 사람들의 늦잠을 막는 훼방꾼으로 다가옵니다.

　요즘의 한옥마을은 하루하루가 너무 빨리 달라지고 있어 종종 조바심에 사로잡히곤 합니다. 주전부리를 하며 인파로 북적이는 이곳 태조로를 걷다가 유난히 노랗게 보이는 우체통에 저도 모르게 시선이 멈춥니다.

　"한옥마을의 '느린 우편함'이 노란색이군요. 이는 늦어진 세월호 구조 작업만큼 늦게 배달됩니다. 달팽이가 우편함에 그려진 것은 슬로시티로 지정된 한옥마을을 의미하는 상징물에 다름 아닙니다. 이는 경기전 안내소와 전주공예품전시장 건너편 전주관광안내소, 천년누리 등 등에 자리하고 있지요. 이곳에선 1인당 1장의 엽서만을 받을 수 있으며, 우편함에 이를 넣으면 6개월 후 사연을 가득 담아 배달되는 반면 빨간색으로 치장된 최명희문학관의 '느린 우체통은' 1년 후에 받아볼 수 있습니다."

2015년 7월 무렵에 제가 쓴 글인데요, 전주 한옥마을의 급작스런 변화처럼 많은 변화가 감지됩니다. 저에게 전동성당이 인쇄된 느린 엽서를 준 경기전 안내소는 우편함의 모습이 보이지 않으며, 전주관광안내소는 경찰의 포돌이 조형물에 가려서 쉽게 찾을 수가 없군요. 천년누리의 우편함은 1년이 지났지만 우편물을 수거해가지 않고 있으며, 최명

느린 우체통

희문학관만 여전히 건물 안에 자리하고 있지만 월요일은 개관하지 않아 편지를 부칠 수 없다는 사실을 기억하시기를 바랍니다.

이제, 개인집과 공방으로 샅샅이, 서서히 들어가 볼까요. 경기전 앞을 나와 전주공예품전시관으로 가는 길에서 '에루花떡갈비'를 떡하니(?) 만날 수 있습니다. '입춘대길 건양다경'이란 입춘첩 바로 옆엔 나무를 정성스럽게 깎아 마름질한 한옥 우편함이 전주 사람들의 장인정신을 말하는 듯, 앙증맞게 자리하고 있습니다. 바로 가게 앞 몇 개의 항아리들과 잘 매치가 되는 듯한 느낌입니다. 이같은 한옥 우편함이 한옥골목 곳곳마다 자리하면 얼마나 좋을까요.

가을은 이 세상의 모든 색을 겸양의 덕으로 흡수하는 계절인가요? 그런 사람, 그런 세상이 되면 얼마나 좋을까요. 가을은 그동안 아껴두었던 색깔들을 모두 보여줍니다. 때론 잎에 담아, 때론 열매에 담아 이전에 보여주지 않던 색깔들마저 온 몸으로 보여줍니다.

하늘담은 대지에, 하늘닮은 당신의 모습이 더없이 곱기만 합니다. 옥수수의 개꼬리에 내려 앉은 빨강 잠자리 날개도 가을빛이 완연합니다. 알알이 영글어가는 밤송이가 힘겹게 이고 있는 하늘은 또 어떤 빛깔입니까? 소금을 뿌려놓은 것 같은 메밀꽃도 고개를 살째기 내밀면서 가을이 점점 더 다가오는데, 이내 마음은 이 꽃잎을 스치는 바람처럼 자꾸자꾸 하얗게 설렙니다.

늦가을, 그 풍경 한 가운데 서서 바라보는 세상은 아름답습니다. 저 아름다운 한 때를 위해 올 한 해를 살아왔다는 느낌이 드는 것은, 왜 일까요. 진정코, 가을은 푸른 배추밭과 노오란 논이 만나는 저 경계 어디쯤에 와 있는 것일까요. 구름이 잔뜩 드리워진 날은 잿빛 하늘로, 오늘

같은 날이면 청명한 파랑색으로, 해 저물녘에는 붉은빛 노을로, 낮달이라도 뜬 날에는 슬프고도 뭉근한 빛으로 배경을 삼습니다.

노을이 서서히 가라앉고 있습니다. 들끓는 번뇌도 묻어 따라가고 싶은 오늘에서는. 왜 이처럼 해는 붉을까요. 무슨 말 못할 사연이 있어 자신을 새까맣게 불태워 보낼까요. 또, 누구의 추억이기에 이처럼 갈색 추억으로 담아두었을까요.

하늘은 비로 쓴 듯, 구김살이 하나도 없지만 어둠이 짙게 내리는 평온한 밤입니다. 풀벌레 울음소리 애절하게 넘어가는 마디마디에 지난 여름의 상흔이 훈장처럼 느껴집니다. 상사화와 배롱나무가 알싸한 미소로 향기를 뿜어내는 이 순간, 소중한 사람들과 단심丹心을 확인하는 데 더없이 좋습니다.

전주공예품전시관 역시 소나무로 만든 우편함이, '공명헌'은 초록 바탕에 꽃이 그려진 우편함이, '데미샘'은 구름 모양의 길상 문양과 함께 '좋은 소식만…'이란 글귀가 선명한 우편함이 각각 자리하고 있습니다. 우리네 마음이 제각각인 것처럼 알록달록한 우편함이 이처럼 골목골목마다 장승처럼 버티고 있는 오늘이군요.

제인당은 연꽃 문양이 부조된 나무 모양의 우편함이, '달 이야기'는 금속 문양으로 치장됐지만 상당히 멋을 부린 우편함이, '꽃자리'는 빨간색이 선명한 가운데 이를 통해 주인네의 마음이 고스란히 읽혀집니다.

바로 인근의 우편함은 아주 특이합니다. 구 주소 '3가 81번지 9호'라는 번지수가 새겨진, 사과 모양의 우편함이 자리하고 있는 가운데 '최명희길 26-19' 새 주소가 병행됐군요. '어진길 39'에 자리한 '뜰'은 빨간색 함에 탐스런 꽃이 소담하게 피어났으며, '어진길 38-1' '푸른돌'엔 기하학적 무늬가 더욱 돋보입니다. 또, '하루 일기'는 함석 모양의 우편함에 영어로 'MAIL'이란 글귀가, '달빛 정원'은 축소된 한옥 모양의 우편함으로, 한 쌍의 나무 문짝과 참으로 잘 어울립니다.

내 안에 들어있는 모든 색깔을 드러내는 가을처럼 아름답게 살고 싶은데, 추하면 어찌 하나 싶어 마음을 추스리게 됩니다. 사랑하는 사람들과 함께 가을 빛깔 속으로 타닥타닥 곱디곱게 물들어 갔으면 더없이 좋겠습니다.

도도한 물결에 이 조그만 종이 조각배를 접어 꽃담의 구구절절한 사연과 함께 살포시 띄워 보내는 오늘. 애써 서두르지 않고 한 뼘의 여유를 지닌 채 세상의 파고를 무사히 뛰어넘을 수 있도록 님 오시는 길목에 나지막한 화초담 하나 쌓으며 '다운 시프트Down Shift'로, 앙증맞은 굴뚝 하나 곁에 두고 나를 버리는 연습을 합니다.

이 조그만 조각배 서신에 살 듯한 정을 담아 가을에 '슬로시티' 편지를 보냅니다. 이 계절이 그리움으로 흥건히 물들기를 바라면서 이동원의 〈가을 편지〉를 띄웁니다.

하마비下馬碑,
'네 이놈 어서 내려라'

　　한국의 사찰은 기도와 수행을 위한 종교적인 공간이었지만 시대의
변화에 따라 그 기능과 역할이 다른 의미로 변질되는 경우도 있었습니
다. 숭유억불 정책을 썼던 조선시대에는 왕의 명복을 비는 능침사찰로
혹은 역참驛站의 기능을 담당하는 절도 있었던 바, '院(절 원)'자를 사용
한 충북 충주 미륵대원, 경북 안동 제비원 등이 대표적입니다. 종교적
인 수행도량 외에 비보, 역참, 능침 등 사찰의 기능은 다양했습니다.

　　예전에 세워진 사찰의 일주문이나 천왕문 앞에서 종종 '말에서 내려
예의를 갖추라'는 의미의 '하마비下馬碑'를 만날 수 있습니다. 이 하마비
는 부처님이 계시는 신성한 곳이므로 모두 말에서 내리라는 의미였을
까요? 일주문을 통과하는 사찰 경내에서는 지위고하의 차이가 없이 모
두 불자요, 보살이요, 거사라는 의미입니다. 사찰에 들어올 때는 자신
의 지위가 높다, 혹은 시주를 많이 했다, 이런 이유로 대접받기를 바라

는 마음을 내려놓고 들어오라는 것입니다.

그래서 예전에 한 스님은 "절에 올 때는 좋은 옷 입지 말고, 화장 많이 하지 말라", "절에 옷자랑 돈자랑 하려거든 오지 말라"라고 항상 법문하기도 했습니다. 요즘은 보통 일주문 내에 주차장이 있으니, 하마비를 지킬 수는 없지만 절에서의 모든 예법은 그 내포하고 있는 의미가 있지 않나요.

불교적인 입장에서 보면, 말에서 내리듯 온갖 욕심을 버리고, 텅 빈 마음으로 절로 들어가라는 의미라고 부여하고 싶기도 하지만 실상 하마비가 세워진 이유에는 믿음에 대한 존경의 의미보다는 다른 까닭이 있습니다.

사찰에 하마비가 있는 까닭?

1413년에 최초로 종묘와 대궐문 앞에 일정한 거리를 두고 표목標木을 세웠는데 이것이 하마비의 기원입니다. 하마비가 세워진 입구부터는 타고 가던 말에서 내려 걸어서 들어가야 하는데 말에서 내릴 때마다 고개를 숙이며 자연스럽게 경의를 표시하라는 뜻을 새긴 석비石碑입니다.

종종 하마비의 앞이나 뒤쪽을 보면 '대소인원개하마大小人員皆下馬'라고 적혀 있는 것을 볼 수 있습니다. 여기서 '대소인大小人'이란 당하관인 종3품 이하의 관원을 뜻합니다. 또한 '원員'이란 당상관을, 정3품 통정대부 이상을 말합니다. '개皆'는 '모두 다'라는 뜻이니 결국은 누구를 막론하고 모두 말에서 내리라는 뜻이지요.

그렇다고 해서 하마비 앞에서 모든 이가 내리는 것은 아닙니다. 종묘, 궁가, 문묘에는 말을 타고 입장할 수 없습니다. 그러나 동헌의 경우에는 달랐습니다. 고을 수령보다 높은 벼슬아치는 말에서 내리지 않았습니다.

하마비가 놓이는 곳은 궁궐, 문묘, 종묘, 왕의 태실지, 어전御典, 향교, 서원, 영성營城이었으나 나중에는 사찰 앞에 하마비가 세워진 것에는 조선시대의 불교 탄압과 깊은 관련이 있는 바, 숭유억불의 시대 속에서도 불교의 중흥을 위해 애쓰고 든든한 후원자가 되었던 문정왕후의 역할이 있었기 때문이라고 합니다.

삼국시대부터 고려시대까지 천년을 이어온 불교 신앙이 어찌 금방 없어질까요? 문정왕후는 그동안 폐지 됐던 승과를 부활시키고, 봉은사에 선종을, 봉선사에 교종을 두게 하여 선·교 양종을 부활시켰습니다. 어느 날 왕의 능을 지키는 능침사찰인 정인사와 회암사에서 유생들이 기물을 부수고 사찰의 보물을 훔치는 훼불 사건이 발생합니다.

이 소식을 들은 문정왕후는 대노하여 선교 양종의 수사찰首寺刹이었던 봉은사와 봉선사에는 아예 유생의 출입을 금지해 버리고 난동을 벌인 주모자를 모두 투옥시켜 버렸습니다. 이에 유생들의 반발은 거셌습니다. 당시 문정왕후를 옆에서 보좌하던 보우대사의 목을 베야 한다고 상소가 올라갔지만 상소문을 본 문정왕후는 불같이 화를 냅니다.

이에 격노한 문정왕후는 전국의 큰 사찰과 능침사찰 입구에 다수의 하마비를 세우도록 명령을 내리게 됩니다. 이같은 과정을 거쳐 하마비는 사찰로까지 들어오게 됩니다. 하마비가 있는 사찰은 유생들의 폭악에서 어느 정도 피해갈 수 있었습니다.

심지어는 부역에서 면제될 수 있었고 각종 공출에서도 부담을 들 수 있었습니다. 이렇게 하마비의 위력에 매력을 느낀 일반 사찰에서는 하마비를 유치하기에 애를 씁니다. 임금이 쓴 편액을 하사받거나 임금의 간찰을 받으면 이를 빌미로 하마비를 세울 수 있었습니다.

한옥마을의 기와집에 흐르는 빗물은 지금까지의 발자국들을 씻어 내리고 나는 또 새로운 발자국을 만들어 냅니다. 또 씻겨 지면 그만일 것이지만 그것이 씻겨 진다고 내 발자취까지 사라지는 것은 아닙니다. 빗속 오목대에서 바라본 전주의 또 다른 모습은 답답했던 가슴을 탁 트이게 합니다. 한없이 작은 공간에서 아등바등 거리며 살았었나 싶습니다.

생각해보면 세상의 모든 일이 쉬운 일은 없었던 것 같습니다. 시작해보지도 않고 어렵다고 미리 겁부터 먹었던 것은 아니었는지, 아직 희망이 남았는데 미리 포기부터 하진 않았었는지 하마비 앞에서 다시 한번 자신을 냉정하게 뒤돌아봅니다.

어릴 적 생각이 납니다. 그때는 세상 모든 게 다 내 중심으로 돌고 있었습니다. 지금은 모든 일이 다 세상 중심이 된 것 같습니다. 나이 탓은 아닐까요? 하마비는 욕심을 내리고, 잘 난체 하는 내 마음을 가볍게 풀어헤치는 죽비가 됩니다.

꽃은 피워야 하고 술은 마셔야 하고, 님은 만나야 하고, 물은 흘러야 함이 마땅합니다.

건립 시기가 밝혀진 조경단 하마비

조경단(전북 기념물 제3호, 전주이씨의 시조 이한의 묘역) 입구에 세워진 '하마비下馬碑'가 갖은 우여곡절 끝에 광무 4년(1900년) 세워졌다는 연구가 결과가 나와 눈길을 끌고 있습니다.

전주대 대학원 사학과 박사 과정을 수료한 이충규(백제환경 대표이사)씨는 이 하마비는 당초엔 풍비豊碑로, 정유재란 때 불탄 경기전 진전을 건립하면서 태조의 공적과 피난 간 어진이 돌아온 사실을 담아 세우려고 했지만 인조반정(1623)으로 광해군이 폐위되면서 한참 후인 1900년에 이르러 빛을 보게 됐다고 주장합니다.

이씨는 비가 만들어진 시기는 경기전이 중건된 1614년 4월부터, 건립이 중단된 인조반정 이전으로 보았습니다. 『조선왕조실록』에 "경기전 참봉 김익한이 그 역사를 감독해 일이 이미 완성되었음을 알리려 할 때, 광해군이 폐위되어 비석에 문장을 새기기 못하고 전문 밖에 방치되었다"는 사실이 기록됐기 때문입니다.

바로 이같은 의문의 답을 현 경기전 하마비(1614년 건립, 1865년 중각) 측면에 "만력42년(1614년) 갑인 4월"로 새겨져 서로 건립 시기가 같다는 것. 뿐만 아니라 '조경단 비각 재실도', '중수경기전비' 등의 자료로 이같은 정황을 믿게 만드는 대목에 다름 아닙니다. 인조 이후 경기전에 방치된 이 풍비가 사람들의 주목을 받아 건립 주장이 여러 대에 걸쳐 이어졌으나 번번이 좌절됐다는 주장입니다. 폐조를 인정하지 않은 것이 가장 큰 이유라는 설명입니다.

하지만 1899년 조경단 건립은 시조승배 사상과 맞물려 전환점을 맞

습니다. 건지산에 조성된
조경단은 대한제국 선포 후
황실존숭사업의 일환으로
황제권을 강화하려는 차원
에서 비롯됩니다. 이때 경
기전에서 옮겨온 귀대(받침
대)에 새로 만들어진 비를
올리고, 그 위에 용머리가
첨가되어 (대한)조경단비로
사용합니다.

조경단 하마비

　그동안 이곳저곳을 전전
하다가 흠집 난 비신은 단
아래에 버려져 있다가 광무 4년(1900년)에 담장 밖 하마비가 세워졌습
니다. 그 후 완전하게 지금의 자리에 안착한 것은 1972년 이환의 전북
도지사 때 담장을 만든 시기였다고 합니다.

　조경단 하마비는 당시 정치상을 잘 반영한 사적물로, 세상에 나타내
지 못하고 백비_{白碑}로 묻혀 묵언_{默言}으로 그 시대를 대변한 비라 할 수
있습니다. 조경단의 하마비와 조경단비는 건립 당시 다듬어진 것이 아
닌, 광해조 때 만들어진 것임을 밝혀낸 만큼 인조반정과 대한제국 수립
등 역사적인 사건과 연관된 사적임을 다시 한 번 강조하고 싶습니다.

　그래도 풀리지 않는 수수께끼가 하나 있습니다. 전주의 하마비 가운
데 유일하게 빨간색으로 글씨를 쓴 것은 왜 일까요. 나이가 같은 경기
전 앞 하마비가 색깔이 들어가지 않은 것은 창덕궁 낙선재가 제사를 지

내는 곳이라서 단청이 없는 이
유와 같은 맥락일까요.

전주 관성묘(전북문화재자료
제5호)에도 하마비가 자리하고
있습니다. 이는 삼국지에 나오
는 중국 촉한蜀漢의 장수 관우
를 무신武神으로 모시는 사당
으로 주왕묘, 관제묘라고도 합
니다. 임진왜란 때 장군 진인
이 관우신장의 가호를 받는다
고 믿고 자신이 있던 곳에 묘를
세워 관우의 신상神像을 안치한
것이 시발점이 됩니다. 전주에
는 1895년(고종 32년) 관찰사 김
성근과 남고별장 이신문이 유
지들의 헌금을 받아 건립합니
다. 입구엔 앞쪽에 대소인원개

관성묘 하마비

하마라 쓰여 있고, 옆면엔 1891년(광서17년) 신묘5월립이 라고 쓰인 하
마비가 있습니다. 사당 안에는 관우의 상이 있고, 그 양쪽 벽에는 '삼국
지연의'의 내용을 그린 벽화가 있습니다. 관우의 신성을 믿는 사람들은
매년 초 이곳을 찾아 한 해의 행운을 점치기도 합니다.

독특한 모습의 경기전 하마비

보통 하마비에는 '대소인원개하마大小人員皆下馬'라 새겨 지체의 높고 낮음을 떠나 누구나 말에서 내리도록 권유합니다. 우리나라 문화재 가운데 하마비 2점이 문화재로 지정됐습니다. 하나는 읍리하마비邑里下馬碑(전남 문화재자료 제108호)로 1984년 2월 29일 우리나라 최초로 문화재로 지정됐습니다. 자연석을 그대로 이용한 비는 앞면에 보살상을 새겨두고, 그 아래 '하마비'라는 글자는 시멘트로 만든 하단에 새겼습니다. 불상의 머리 위에 보관寶冠이 표현된 것으로 미루어 보살상으로 짐작되며, 고려말, 조선초 세운 것으로 보입니다.

경기전 하마비

또 전주 하나는 경기전 하마비(전북 유형문화재 제222호)로 2013년 11월 15일 문화재로 지정됐습니다. 경기전 하마비는 여느 하마비와는 다르게 판석위에 비를 올리고 그 판석을 두 마리의 해태(혹은 사자)가 등으로 받치고 있는 특이한 형태로, 단지 하마下馬의 의미로서만이 아닌 경기전 수호의 의미를 지니고 있는 것으로 판단됩니다.

눈여겨 본 사람이라면 알겠지만 하마비를 받들고 있는 두 마리 해태의 모습은 전혀 다른 모습을 하고 있습니다. 이러한 비석의 형태는 다른 곳에서 보기 힘든 특이한 형태여서 조형적인 가치 뿐만 아니라 내용적인 측면에서도 경기전이 어떤 곳인가를 간접적으로 보여주는 상징물이기도 합니다.이곳의 하마비는 우리나라에서 가장 아름다운 형태를 지닌 것으로 정평이 나있는 까닭입니다.

하마비엔 두 줄로 '지차개하마잡인무득입至此皆下馬雜人毋得入'라고 새겨져 있습니다. 태조 어진을 봉안한 곳이니 이곳에 이르는 자는 계급의 높고 낮음이나 신분의 귀천을 떠나 모두 말에서 내리고, 잡인들은 출입을 금한다는 뜻이리라.

하마비가 건립된 해는 왜란 때 소실된 경기전이 중건된 1614년(광해군 6년)이며, 1856년(철종 7년)에 중각重刻됐습니다. 경기전이 조선왕조의 상징인 태조 어진을 봉안한 곳이고, 그래서 근처에 있던 향교까지도 유생들의 글 읽는 소리가 시끄럽다고 해서 화산으로 옮긴 것으로 보아 이 하마비, 수문장의 위력은 대단했을 터입니다. 해태 한 쌍이 음양의 조화를 이루면서 경기전을 지키는 것은 시대를 관통해 전주 문화의 토대를 이루고 있는 음양오행사상이며, 우리 전통문화의 특징은 아닐까 합니다.

그렇다면 새 왕조의 건립을 뜻하는 '조경肇慶'의 가슴 벅찬 의미를 되새기는 시간은 어떠했을까요. 조경묘肇慶廟(전북 유형문화재 제16호)는 경기전 구내 북편에 있습니다. 전주이씨의 시조 이한과 시조비 경주 김씨의 위패를 봉안한 곳으로 1771년(영조 47년)에 세웠습니다. 태조 이성계는 이한의 21세손입니다. 따라서 이곳은 왕실의 권위를 높이고, 왕실의 중흥을 꿈꿨던 영조의 강한 의지로 창건됐습니다. 바로 이 무렵, 하마비가 세워지지 않았을까 하는 시각이 많습니다. '하마비下馬碑'라는 글귀가 이곳을 지키면서 한 서린 삶을 살다간 마지막 황녀 이문용 여사가 생각나게 하고 있습니다.

삶 속 하마비의 의미

전주에 자리한 5개의 하마비 중 가장 역사가 오래된 것은 전주향교 앞의 것입니다. 전주향교(사적 제379호)는 오목대 밑자락 기린로변에 있습니다. 설립연대를 확실하게 알 수는 없지만 1354년(고려 공민왕 3년)에 세워진 것으로 추정되며, 원래의 위치는 풍남동에 있었습니다. 이곳의 하마비는 1519년에 세운 것으로 보입니다.

지상 높이 198cm, 폭 49cm, 두께 30cm의 크기로 전면에 이곳을 지나가는 자는 모두 말에서 내리라는 의미로 '과차자개하마過此者皆下馬'가 적혀 있습니다. 뒷면에 '정덕기묘구월일입正德己卯九月日立'이라 새겼으니 1519년(중종 14년)에 해당됩니다.

국운이 기울어가는 조선조 말엽 때는 돈푼이나 모은 상민이 말을 타고 하마비 앞에서 내리지 않고 지날 경우, 양반을 능멸한 죄로 곤장을 치고 심지어는 재물을 빼앗아 갔다고 해서 흥선대원군이 전국에 있는 서원을 철폐하기에 이릅니다.

세상을 가만히 놓고 보면 간단합니다. 여러 가지로 복잡한 것 같아도 결국에는 두 종류의 세상이 있습니다. 하나는 남의 것을 빼앗는 세상이고, 다른 하나는 그저 베푸는 세상입니다. 많이 가지려고 애쓰다 안되면 속여서라도 빼앗아 갑니다. 그것도 어려우면 훔치기까지 합니다. 그러나 반대로 살아가는 세상이 있습니다. 보시하며 보태주는 것으로 낙을 삼습니다. 돈 주고 목숨까지도 줘버릴 수 있습니다. 다른 일반인하고 어떤 차이가 있나요. 바로 베풀어주는 데 있습니다.

하마비를 통해 하나의 깨우침을 얻을 수 있지 않을런지요? 우리 인간은 본래 빈손으로 왔다가 빈손으로 돌아갑니다. 이것처럼 명명백백한 사실은 없습니다. 우리의 모든 고통과 갈등의 원인은 인간이면 쉽게 떨쳐버릴 수 없는 '탐착'에서 비롯됩니다. 재물에 대한 것은 말할 것도 없고, 처자권속에 대한 지극한 애착이 우리를 끝없는 윤회의 굴레에서 벗어나지 못하게 합니다. 부처 가르침의 첫 번째가 바로 '버리라'는 것입니다. 아무 것도 소유하지 않는 자가 되라는 말씀입니다.

하마비는 이같은 세속적인 의미만을 지니고 있는 것은 아닙니다. 몸이 말에서 내리듯, 하마비 앞에 서는 순간 우리는 짊어

전주향교 하마비

지고 있는 온갖 욕심과 욕망을 내려놓고, 텅 빈 마음으로 부처님의 세계로 들어오라는 수행적 의미도 지니고 있습니다. 다시 말해 "대자연을 근본삼아 본래 맑은 성품으로 살아라"는 의미를 지니고 있습니다.

'내가 무엇'이라는 일체의 상相과 만심慢心을 내려놓지 않고서는 그 누구도 진정한 만날 수 없다는 가르침입니다. 하마비는 단순히 말을 내린다는 행위의 지시뿐만 아니라, 자신이 잘난 사람이라는 상, 가진 사람이라는 상, 절에 오래 다녔다는 상, 이 절에 기여도가 높다는 상, 등을 내려 놓는 하심下心하라는 의미, 이것이 진정으로 우리가 생각해 봐야 할 것이 아닌가 생각됩니다.

내 영혼 맑아지는 날 나도 누군가의 별이 되고 싶습니다. 다시 살게 하고 살고 싶어지게 하는 내 안의 어린 왕자처럼. 여러분들은 신분 높고 낮음을 떠나 누구든 말에서 내려 걸어 들어가라는 경고문을 인정하시나요? 부정하시나요? 예전 같으면 한옥마을을 지날 때 누구든지 말에서 내려야 함이 당연할 터이지만, 지금은 하마비 앞으로 수많은 차량들이 아랑곳하지 않고 지나다닙니다.

세월의 흐름에 따라 이젠 그 본연의 기능은 잃어버린 하마비이지만, 아름다운 선인들의 작품으로, 여전히 든든하게 전주 한옥마을 지키고 있는 수문장으로 우리 곁에 남아 있습니다. '어떤 하마비가 가장 연장자 일까', 한옥마을로 마실을 와서 수수께끼의 정답을 찾아봄직합니다. 답사 코스로 정해도 좋을 것입니다. 그런데 다소 위엄이 느껴지는 것은 왜 일까요. '네 이놈 어서 내려라' 우리네 삶의 죽비같은 존재가 하마비 인가요?

고종의 딸 황녀 이문용 여사가 마신 조경묘 어정

내 예쁜 얼굴을 보려거든 우물로 가고, 우리네 본디 모습 보려거든 천년 전주에 닿을 일입니다. 오목대 뒤쪽으로 난 탐방로를 내려가면 쌍샘길이 나오는데요. 이곳은 관광객들이 잘 찾지 않는 외진 곳이어서 천천히 사색하거나 도란도란 이야기를 나누며 걷기에 좋은 길입니다.

마을 공동 우물이었던 두 개의 '쌍시암(쌍샘)'이 있던 곳이라고 해서 '쌍샘길'로 불린답니다. 오래 전에는 교동이나 풍남동 주민뿐만 아니라 노송동, 멀게는 인후동에서도 쌍샘으로 물을 길러 왔다고 합니다. 처음에는 바가지로 떠서 쓰는 샘이었다가, 두레박으로 물을 퍼 올리게 됐습니다.

쌍샘 주변은 미나리꽝과 호박밭이 있었으며, 밤에는 길이 얼고 낮에는 녹아 장화의 절반이 빠질 정도로 질펀해서 동네 사람들이 연탄재를 깨서 땅을 다져야 겨우 다닐 수 있었다고 합니다. 주변에 살고 있는 집에는 물지게며 두레박이며 물을 담아 두었던 커다란 물통이 있었습니다.

흔적이 남아있는 자리에 한 개가 있었고, 나머지는 그 위로 약 8m 위에 위치하고 있었습니다. 그런데 도로가 생기면서 그마저도 없어져 안타까울 따름입니다. 이제는 잃어버린 샘터를 '쌍샘길'이라는 이름으로 추억해봅니다.

'다문'에서 두꺼비 세 마리 잡으세요

한옥마을에 자리잡고 있는 '다문茶門'은 어린 시절 비가 오면 마당에서 혼자 놀며 빗물 고인 땅에 부러 발자국들을 찍던, 발자국을 비잉 돌려 꽃잎을 만들던 추억을 떠올릴 수 있는 곳으로 전주의 특징을 한번에 느낄 수 있습니다.

대문을 들어서면 가장 먼저 마주하게 되는 것이 전주 곳곳에 열리는 다양한 문화 행사를 담은 소식지들입니다. 그리고 더 안쪽으로 들어가면 널찍한 마당과 마당 한쪽을 지키고 있는 우물, 창호지를 발라 놓은 문, 아궁이 등이 한눈에 들어오며 마치 수십년 전으로 시간여행을 와 있는 듯한 착각을 불러 일으킵니다.

1939년에 지은 이 한옥의 마당 한쪽에는 그 내력마냥 깊은 우물이 있기도 합니다. 다문에 처음 온 사람들이라면 "어라~" 신기해하며 모여들었다가 "어, 진짜 물이 있네!" 다시 한번 가슴 두근거리며 우물 안으로 깊숙이 고개를 처박고 들여다보게 되는, 또 그래서 한두번쯤 두레박질을 하며 아이같은 웃음을 터뜨리게 되는 그런 우물로, 집을 건립할 당시에 지은 것으로 보입니다.

그런데 이게 웬 횡재입니까. 이 집엔 두꺼비 세 마리가 살고 있군요. 우물이 나오는 석상에 아주 큰 두꺼비는 집에 이사 올 때부터 있었으며, 문 밖 입구의 물이 빠져나가는 곳의 새끼 두 마리는 20여 년 전에 지인이 선물했다고 하네요. 두꺼비는 복과 재물을 가져다 줄 뿐만 아니라 일어날 일을 미리 예견하는 영물로 여겨왔지요. 반가워요, 다문의 복두꺼비.

이 집의 우물은 어디가서 돈 주고도 구경할 수 없는 귀한 보물이라고 주인이 귀띔해줍니다. 아무리 가물고, 장마가 심해도 수량의 변화가 거의 없답니다. 또 식수로만 이용하지 않을 뿐 여름에는 시원하고, 겨울에는 따뜻해 설거지며 청소 등 밖에서 일을 할 때 사용하기에는 안성맞춤이라고. 무엇보다 배수구가 건물 입구 쪽에 자리하고 있어 이색적

다문 우물

입니다.

박시도 대표는 "다문 한옥은 70~80년 된 것으로 군불을 때는 아궁이도 있고, 우물도 간직하고 있어 당시의 중류사회 가옥을 잘 보여주고 있다"며 "화려하고 고급스런 멋은 없지만 한번 찾은 손님들은 편안하고 휴식처 같은 느낌을 갖고 돌아간다"고 말합니다.

다문에서의 시간이 느리게 갑니다. 하지만 일어설 때면 아마 이렇게 말을 하게 될 터입니다.

"어~ 벌써 시간이 이렇게 됐나?"

250여 년 된 학인당의 땅샘

학인당 땅샘

한옥마을 남쪽에 자리한 전북 민속문화재 제8호 학인당은 유일한 한옥 문화재로 2개의 우물이 지금도 있습니다. 하나는 땅샘으로 250여 년이 넘었구요, 지금도 사용하고 있는 다른 하나의 우물은 1908년 건립 당시에 만들어졌다고 안주인 서화순 여사가 전합니다.

대부분의 우리나라 전통 정원이 본채 뒤에 조성되는데 반해 학

동락원 우물

인당은 본채 앞에 정원을 조성한 것이 특징으로, 이 오래된 우물을 지키기 위한 의도임을 충분히 짐작할 수 있습니다. 실제로 학인당 안채가 앉혀지기 전에 원래 그 자리에는 초가집이 있었고 바로 그 앞에 있던 우물이 땅샘으로 보존된 것입니다. 또 이 땅샘을 살리기 위해서 정원을 조성한 것이구요.

강물은 흐르고 샘은 솟아야 조화로운 법. 먼저 자리 튼 물길을 위해 사람이 비켜 선 사려 깊은 조경 원칙과 마주하니, 정원이 꼭 인위의 산물만은 아니라는 생각이 들었습니다. 종가로 전하여 내려오는 유구한 역사와 넓은 마당, 연못이 있는 정원, 독특한 땅샘은 학인당에서만 느낄 수 있는 매력일 것 같아요.

그리고 땅샘은 자연 냉장고로, 정원의 돌계단 16칸을 내려가게 만들었으며, 지금도 여름이면 서늘한 온도를 유지해 열무김치를 저장하고 수박 같은 과일을 띄워놓는 운치를 누린다 하니, 샘을 지킨 복록이 대대손손 이어지는 듯싶습니다. 샘을 둘러싸고 높직이 쌓아올린 아름드리 돌에는 푸릇한 이끼가 곱게 덮였습니다. 황금빛 도는 갈색 돌계단을 밟아 내려가면 홀연 계곡에 들어선 듯한 서늘함과 아늑함이 있습니다.

경기전에는 어정이 2개 있어요

어정은 임금의 음식을 만들거나 임금이 마실 물을 기르는 우물을 말합니다. 그리고 역대 여러 임금의 위패를 모시는 왕실을 사당인 종묘, 임금이 백성을 위하여 토신인 사와 곡신인 직에게 제사 지내던 제단인 사직단 등에서 임금이 참여하는 제례에 사용하는 우물도 어정이라고 합니다.

태조 이성계의 영정을 모셨던 경주의 집경전, 조선의 영승전, 전주의 경기전의 우물도 어정이라고 합니다. 깨끗하고 성스럽게 취급해야 하므로 주위에 담을 두르고 문을 설치해 두기도 했으며, '『여지승람』을 보면 성 안에는 223개가 있었는데, 이것이 그중 첫째가는 우물이다'고 소개됩니다.

전주시는 2004년 4월 20일 경기전 서쪽 부속 건물인 어정을 비롯, 수복청守僕廳, 수문장청守門將廳, 마청馬廳, 동재東齋, 서재西齋, 제기고祭器庫, 전시청典祀廳, 용실舂室, 조과청造菓廳 등 제사 관련 9개의 유물을 복원했습니다.

경기전 조경모의 어정을 생각하면 고종황제의 딸 황녀 이문용

(1900~1987) 여사가 생각납니다. 그녀는 말년에 이곳에서 기거를 하였다고 하며, 10년 동안 어정을 사용했습니다. 그녀가 꿈꾸는 삶은 어땠을까요. 그녀는 도래샘을 꿈꾸지는 않았을까요.

샘물은 동그란 나라에서 동그란 하늘 아래에서 동그란 얼굴을 가진 바쁜 사람들이 돌고 도는 시간에 맞추려 모난데 없어 피곤하지도 않을 것 같은 모양으로 돌고 또 돕니다. 이내 하나로 어우러져 동그라미가 되고, 완벽한 사랑을 하며 하나가 됩니다. 마음의 모양이 있다면 어떤 모양일까요? 사랑하는 마음의 모양은 어쩌면 동그란 형태가 아닐까요?

사랑이란 맑고도 그득하게 고여 오는 샘물. 자꾸자꾸 퍼내야 합니다. 퍼내면 퍼낼수록 깨끗하고 맑아집니다. 흘러흘러, 돌아돌아 가다가 힘들면 다시 내게로 오세요. 어둠을 타박 말고 몸을 돌려 태양을 보라, 사람을 존중하라, 끊임없이 도래샘처럼 베푸세요. 풍덩풍덩, 찰랑찰랑, 굽이굽이, 흘러흘러, 돌아돌아, 모든 것을 녹이며 속절없이 그냥 떠나가는 게야. 흘러흘러 가는 그리움과 돌아돌아 가는 서러움이 있지만 도래샘에는 마침표가 없습니다.

여름날의 우물

과거엔 더운 여름밤에는 마당에 돗자리나 멍석을 깔고 모퉁이에 쑥으로 모깃불을 피워 모기를 쫓으며 재미있는 이야기를 하는 가운데 더위를 잊고 지냈습니다. 어릴 적 돗자리에 누워 밤하늘의 수많은 별을 바라보며 어머니께서 들려주시던 옛날 이야기를 듣고 부채바람을 맞으면서 잠이 들던 때가 그리워지는군요.

　너무 더운 날에는 저녁을 먹은 뒤 마을 앞을 흐르는 개울에서 멱을 감거나 우물가에서 등목을 해서 몸을 식힌 후 잠자리에 들었는데, 등은 한기를 잘 느끼는 곳이라 웃통을 벗은 채 찬물을 끼얹으면 그 시원함은 말로 표현하기 힘듭니다. 등목! 생각만 해도 몸이 시원해지지 않나요?

　학인당 멀리 옥류동은 옥류천이라는 맑은 물이 있어 지어진 명칭이며, 승광재 옆 전주 최부잣집은 예전엔 작은 빨래는 작두샘에서 하고, 큰 빨래는 식모 할머니가 전주천에 가서 삶아 빨았다고 합니다. 교동 '우물 좋은 인생 부동산'은 1960~1970년대 어려운 시절, 우물에서 물을 길어 콩나물을 팔았다고 전하는 바, 깊고 물이 맑았기 때문에 가능한 일이 아니었을까요.

　전주공예품전시관 맞은편 골목의 소리풍경에서 작두샘을 볼 수 있습니다. 이곳의 샘은 120년이 됐다고 하며, 주둥이를 등위에 대고 작두질을 할 수 있지만 물은 나오지 않습니다. 이외에 한옥마을 인근의 개인 우물은 하숙했던 제자 가운데 14명이 서울대 박사학위를 받을 정도로 좋은 기운이 모여 있다고 합니다.

　또 전라감영터 우물은 해방 이후 300여 명의 군인들을 먹이기도 했다고 하며, 좁은목 약수터는 물맛이 좋아 40여 년 전부터 하루 300여 명의 사람들이 찾고 있습니다. 한옥마을의 우물을 하나둘씩 복원할 수 있도록 지원해 방문객들로 하여금 낭만을 선사하면 안될런지요.

서예가 이상만의 한이 서린 장독대

우리 조상들에게 집은 언제나 특별한 곳입니다. 집은 사람을 품고 자연을 품고 세상 모든 것을 따뜻하게 품는 작은 우주와도 같았습니다. 모두가 사이좋게 어울려 사는 곳인 만큼 집을 지을 때도 당연히 자연을 훼손하지 않았고, 주변 환경과 어울리게 지었습니다. 집 뒤에는 든든한 산이 있고, 집 앞에는 물이 흐르는 곳을 좋아했습니다.

아름드리 나무들이 단단히 받쳐 주는 기둥에 황토빛 흙을 바르고 뜨끈뜨끈 온기를 전해 주는 넓적한 돌바닥도 깔았습니다. 바깥 풍경을 한 폭의 그림처럼 담아내는 창과 문을 만들고 시원한 바람도 놀고 가도록 텅 비운 마당에 마루도 놓았으며, 발효의 세월이 숨쉬는 장독대를 정성껏 만든 바, 이처럼 지은 집이 바로 한옥입니다.

온 세상에 하얀 눈을 흩날려 한옥마을 장독대 위에 흰 눈이 소복이 내려앉고 처마 끝에 수정같은 고드름이 수줍게 매달렸습니다. 밤새 눈이 소리도 없이 내렸습니다. 눈이 온 아침은 고요합니다. 설화에 아름다운 소복이 쌓인 한옥마을의 풍경은 정겹고 그리운 곳입니다. 더운 여름날이면 시원한 녹찻물에 밥을 말아 보리굴비를 쪄서 얹어 먹으면 더위에 지친 입맛을 돋우기도 하며, 말린 굴비 살을 찢어서 고추장에 재워 굴비장아찌를 만들지 않았나요.

한상 가득 차려내고도 먹을 것이 없다며 귀한 손님에게만 내놓는 고추장 굴비장아찌를 행여 매울까봐 고추장을 발라내고 참기름에 조물조물 무쳐 손주들 밥에 조금씩 떼어 주시며 바라보셨던 외할머니의 주름진 미소. 그 미소가 그리워 한옥마을을 돌아다니면 이집 저집 기웃거리다가 담벼락 아래로 졸졸이 자리하고 햇볕을 받아 반짝거리는 장독대를 볼 수 있습니다. 주인마나님의 바지런한 손놀림에 반질반질 윤이 나는, 둥그런 허리 부끄럼없이 내놓고 볕을 쬐는 항아리들이 줄을 서 있습니다.

어머니는 날이 며칠 궂고 나면 행여나 간장에 탈이 생겼을까봐 다 일일이 열어 보시고 볕이 좋은 날에는 뚜껑을 열어서 말리는 것도 잊지 않으셨지요. 봄이면 매주로 된장과 간장을 담고, 초겨울이면 잘 말려 빻아 놓은 고운 고춧가루로 고추장을 담고 몇 년 동안 묵혀 사용하는 소금 단지랑 젓갈단지는 보물단지입니다. 어머니의 품만큼이나 많은 것을 담을 수 있고 담은 것이 행여나 변하지 않게 숨을 쉬는 독단지는 예쁜 유리항아리들이 가질 수 없는 넉넉함인 내 어머니의 사랑인 것 같습니다.

그 반질거리는 윤기를 잠시 감추고 눈밭에서 또 다른 정취를 느끼고 있는 장독대의 풍경이 포근함을 더합니다. 어떤 것은 장독을 뒤집어서 물기를 거두고 있고, 또 어떤 것은 올 봄에 맛난 장을 다시 담아 두려고 쉬는 독단지도 있을 것입니다.

뱀이 보고 깜짝 놀라는 비암방애

어렸을 적 음력 정초 뱀날이 오면 '비암방애(뱀방아)'를 써 붙였습니다. 한지를 가로 2cm정도 세로 7~8cm쯤 되게 오려 여기에 붓으로 '이 삼만'이라고 세로글씨를 써서 새벽 동트기 전 여기저기 집 안 기둥, 측간, 그리고 장독대까지 20여 장을 넘게 붙이고 다녔습니다.

이 비암방애는 땅에서 가깝게 반드시 글씨를 거꾸로 해서 붙여야 했는데 이것은 뱀이 땅바닥을 기어가다 이것을 보고 질겁을 하여 도망가게 하기 위함이라고 했습니다. 뱀이 이 세상에서 '이삼만'을 가장 무서워하기 때문이라고 했는데, 그가 유명한 서예가 창암 이삼만 선생이었다는 것을 안 것은 세월이 한참 지나 제가 어른이 되고서였습니다.

창암蒼巖 이삼만李三晩(1770~1847)은 한옥마을의 자만동(현 전주시 교동 또는 옥류동) 등에서 활동한 서예가로, 신영자팔법 득필천연론得筆天然論 이론이 주목됩니다. 특히 득필천연은 창암 서예의 최고경지인 통영通靈의 다른 말로 "빼어난 소리는 그 흔적이 없고 빼어난 글씨는 천연 그 자체다逸韻無跡 得筆天然"라고 스스로 말하고 있습니다. 이러한 경지가 작품으로 나타난 것이 바로 '행운유수체行雲流水體'로 구름처럼 흘러가고 물처럼 흐르는 자연스런 글씨체란 뜻입니다.

산광수색山光水色이란 글씨를 보세요. '산山'자는 뱀이 똬리를 틀고 경계하는 모습이며, '광光'자는 개구리와 벌레를 낚아채는 듯한 현상이 아주 뚜렷합니다. '수水'자는 살모사가 목을 추켜들고 갈비뼈를 빳빳하게 펼친 채 상대를 노려보는 듯한 형상인가 하면, '색色'자는 뱀이 승천하는 이무기 같은 느낌입니다.

그가 행운유수체를 개발하기 까지는 전주 옥류동에서 아래론 유유히 흐르는 물을, 위로는 떠도는 구름을 쳐다보며 벼루 3개를 구멍 내게 할 정도의 강한 집념 때문에 가능한 일이었습니다. 그러나 그에겐 슬픈 사연이 있습니다. 아버지가 뱀에 물려죽자 복수를 위해 이들만 보면 껍질을 벗겨 통째로 씹어 먹는 등, 쇠로 된 지팡이 3개를 모두 닳게 할 정도로 미물에 대한 사무치는 원망으로 맘서럽고 사납던 날을 보냈습니다.

오죽하면 뱀날에 '이삼만'이란 이름을 종이에 써서 거꾸로 붙이고 있겠습니까. 어쩌면 그가 죽인 것은 뱀이 아니었는지도 모릅니다. 미움과 설움이 걸작을 만들게 하지는 않았나 하는 생각이 듭니다. 혹여, 아무런 이유도 모른 채 졸지에 그가 휘두른 쇠 지팡이를 맞고 비명횡사한 뱀들의 극락왕생들을 바라는 맘을 글씨에 담은 것은 아닐런지요.

이 전설이 전해져 정읍, 고창, 부안 등 호남 지방에서는 정월의 첫 사일上巳日(상사일)에는 뱀방아를 종이에 써 붙이는 것입니다. 전북 고창의 경우 근래에는 '이삼만'이라는 뱀뱅이를 붙이는 대신 들깻대를 태우는데 들깻대가 타면서 요란한 소리를 내기 때문에 뱀을 쫓는다고 합니다.

'산광수색'이란 글자를 다시 보니 획마다 뱀처럼 꿈틀거리며 장강처럼 흘러가더니만 어느 새, 험한 계곡 급류로 돌변해 내리 꽂히고 있군요. 용서는 인간 관계의 최상의 기술이며, 사람을 얻는 놀라운 지혜이지만 반드시 뼈를 깎는 아픔을 수반합니다. 나에게 고통을 주고, 사무치는 원한을 남겨 준 뱀을 그리면서 그는 얼마나 아파했을까요.

우리들은 '원증회고怨憎會苦', 미운 사람, 싫은 것, 바라지 않는 일을 반드시 만나게 됩니다. 원수, 가해자, 아픔을 준 사람, 꼴도 보기 싫은 사람도 만나게 되며, 가난, 불행, 병고, 이별, 죽음 등 피하고 싶은 것들이 나를 찾아오는 일이 불쑥불쑥 비일비재합니다. 그래서 많은 사람들이 용서를 실천하지 못합니다.

그러나 용서는 '선택'의 문제가 아니라 '의무'입니다. 이에 현명하고 지혜롭고 매사에 긍정적인 사람은 이를 잘 헤쳐 나가지만 우둔하고 어리석고 매사에 소극적인 사람은 그 파도에 휩쓸리지만 늘 마음을 비우고 베풀며 살라고 하는 것입니다. '산광수색'이라는 말처럼 언제나 구름처럼 살았으면 좋겠습니다. 강물처럼 별빛처럼 세상사 시나브로 흘러갔으면 참 좋겠습니다.

옹기종기 모여있는 장독대

한옥마을의 장독대(전라로 말로 장꽝)에 서면 굽은 나무가 선산을 지킨다는 말을 떠올리곤 합니다. 자손이 빈한해지면 선산先山의 나무까지 모조리 팔아 버리려 하지만, 그 와중에도 줄기가 굽어 볼품없는 나무는 그대로 남게 된다는 말입니다. 어쨌든 이 쓸모없어 보이던 나무가 쓸모 있는 나무들을 대신해 조상의 묘를 지키게 됩니다.

'옹기옹기'와 '옹기종기'라는 말을 아십니까. '옹기옹기'는 '비슷한 크기의 작은 것이 많이 모여있는 모양'을 뜻하며, '옹기종기'는 '크기가 다른 작은 것들이 고르지 아니하게 많이 모여있는 모양'을 뜻합니다. '옹기종기'란 말의 어원이 옹기종기 모여 있는 장독간의 모습이 아닐까요. 사라져가는 옹기와 오늘날 새로운 형태의 생활옹기 등이 놓여있는 한옥마을은 다양한 옹기를 통해 할머니 세대들은 옛 향수에 젖어보고 젊은 세대들에게는 신선한 볼거리를 제공합니다. 여러분들의 입사치를 거들고 있지 않나요?

　한국은 천년의 바이오문화를 품고 살아 온 민족입니다. 수저 문화가 그렇고 장독대 문화를 보라. 정과 지혜와 과학과 창조의 비밀이 그 속에 있지 않던가요. 장독대문화는 또 어떠한가요. 큰 놈은 옹기, 작은 놈은 종기라고 했습니다. 옹기종기 모여있는 장독대는 여인들의 삶과 가정의 평화와 은밀한 이야기가 잉태되고 있는 곳입니다.

　아니, 소박하다 못해 투박한 저 흑갈색 옹기는 들숨과 날숨의 발효 과학이 숨어 있어 전주만의 오롯한 맛이 있습니다. 집집마다 김치 맛이 다르고, 간장 맛이 제각각이며, 고추장과 된장의 풍류가 똑같지 않은 것은 가보처럼 내려오는 담금의 비법과 씨간장의 비밀 때문입니다. 어떤 장인이 빚은 옹기를 사용하고 어느 장소에 보관하느냐에 따라 그 맛과 향이 다릅니다.

　하지만 전주백씨장(백씨집장, 즙장)이 사라져 아쉬움이 큽니다. 즙장은 콩에 밀기울을 섞어 만든 즙장메주를 가루로 빻아 소금과 물을 섞어 봉하여 말똥 속에 묻었다가, 일주일 가량 지난 뒤 다시 곁불 속에 2주일 가량 묻은 후 꺼내서 먹는 장입니다. 즙장은 말똥 속에 묻는다고 해서

'말똥즙장'이라고도 하며, 전주의 수원백씨 가문에서 대대로 전승시키고 있다고 해서 백씨장이라고도 말합니다.

간장의 맛이 없으면 그 해에 큰 재해가 온다고 할 만큼 간장 담그기는 우리 가정주부들의 큰 연중 행사의 하나가 되어 왔으며, 그 집의 장맛으로 음식의 솜씨도 가늠하였다고 합니다. 일반적으로 장독대는 햇볕과 바람이 잘 드는 뒷곁의 양지바른 곳에 위치해 있습니다. 서양인들이 포도주를 저장하기 위해 땅굴을 파는 것과 대조적입니다.

학인당 장독대

장현식고택 장독대

한국의 여인들은 항상 장독대를 품고 살아왔습니다. 맑은 날에는 장독 뚜껑을 열어 햇살을 즐기도록 하고, 비가 오는 날에는 뚜껑을 닫아야 합니다. 간수를 어떻게 하느냐에 따라 장맛이 결정되기도 하며 귀한 손님이 오면 장독대에 소중히 간직해 둔 먹거리를 선보입니다. 세상 어느 나라가 이처럼 소중한 음식과 가보를 자물쇠로 잠그지 않고 마당에 노출시켜 놓고 있을까요?

한옥마을은 예로부터 물맛이 뛰어난 녹두포 샘물이 있었으며, 이를 기반으로 쥐눈이콩으로 만드는 콩나물국밥이 면면이 이어어고 있습니다. 또, 쌀고추장 등 고추장 띄우기에 최적이라 어느 지역보다도 장맛이 뛰어나 전주비빔밥의 명성에 세계로 뻗어나가고 있습니다. 때문에 전주는 물, 햇볕, 공기 3가지 조건을 모두 갖춘 천혜의 환경에 위치하며 전통의 장맛이 느껴지는 구수한 된장찌개와 봄부터 가을에 걸쳐 채취해둔 각종 나물과 직접 담근 다양한 장아찌를 맛볼 수 있습니다.

한옥마을의 학인당, 동락원, 소리 풍경, 아세현, 양사재, 들과 꽃의 집, 초정草庭이 있는 집, 그리고 '교동 115-4번지'는 동네에서 '은행나무와 장독대가 아름다운 집(오순애가옥)'으로 불리우며, 전주전통문화연

수원의 장현식가옥 등에서도 장독대를 만날 수 있습니다.

전국에서 유일한 숙황장

전주 동락원의 장독대는 수라상 음식 조리에 쓰인 '숙황장'을 유일하게 제조하면서 400여 년 집안 비법 온전히 계승한 김병룡 전 전주전통장개발연구소장의 혼과 장인 정신이 깃들어 있습니다.

너른 마당에 마련된 장독대에는 풍만한 어깨를 서로 겯고 선 장독들이 크고 작은 항아리들이 보란 듯이 열 지어 있습니다. 이들 항아리에서 친근감이 느껴지는 이유는 무엇보다 잔재주를 부리지 않는 꾸밈없는 문양 때문입니다.

"숙황장熟黃醬은 조선시대 임금님이 잡수시던 수라상의 음식 조리에 쓰이던 간장입니다. 우리나라에서는 제가 유일하게 만들고 있습니다." 2007년 5월 장류 부문에서 국내 첫 전통식품 명인에 지정된 그는 간장·된장·고추장과 술 등 발효 관련 전통식품 연구 발전에 평생을 바쳤습니다. 숙황장은 사대부 집안이었던 김 명인의 가문에 400여 년 전부터 내려온 비법이 지금에 이르고 있습니다.

김수로왕의 62세손 김천수 어르신(김 명인의 14대 조부)을 효시로, 63세손 김위 어르신으로부터 숙황장의 제조 방법이 전수되고 있습니다. 조선 선조, 광해군, 인조 때 '송상군' 별호를 받았던 김위 어르신은 당시 장고마마에게 숙황장을 배웠습니다. 장고마마는 후계자인 애기마마와 함께 두 사람만, 철저한 보안 속에 관리되던 임금님의 장독대를 출입할 수 있었던 신분이었습니다.

이렇게 집안 대대로 전해져온 숙황장은 김 명인의 어머니 조아지 여사(98년 작고)에게 이어졌고 8남매 중 넷째인 김병룡 명인이 '온전히' 옛날 방식을 계승 발전시키고 있습니다. 그는 2004년 6월 30일 전주시 다가동 전주기전대학 기숙사 지하 2층에 전주 전통장 개발연구소를 열고 소장을 맡았습니다. 연구소 이름에 '개발'을 넣은 것은 조선왕조의 간장을 세계인의 입맛에 맞도록 글로벌화하는 노력을 게을리 하지 않겠다는 다짐이 담겨 있습니다.

지하 2층인 이곳의 설계와 시설은 김 명인의 작품이라고 합니다. 좋은 간장이 만들어지기 위해서는 지나치게 더워도 안되고 추워도 안되고 장의 깊은 맛은 일정한 온도에서 빚어지기 때문에, 연구소의 발효실·숙성실·제국실·원료보관실 등은 첨단과학으로 무장돼 있습니다. 이 곳 연구소에서는 메주를 만드는 과정까지 담당하고 '제장'은 전주시 교동 한옥마을 동락원에서 이뤄졌습니다.

항아리의 대표적인 장식 기법은 수화문입니다. 손가락만을 이용하여 무늬를 나타내는 기법을 뜻합니다. 처음에는 유약의 두께를 감정하려고 시작되었다가 차츰 다양한 문양이 되었습니다. 이곳의 용수철 무늬, 파도 무늬, 지그재그 무늬, 빗살 무늬 같은 문양은 힘찬 터치와 대담한 선의 변화가 돋보이며 활달한 느낌과 추상적인 아름다움을 지녔어라. 또 꽃과 나무, 새, 매듭, 산 구름 등이 손 가는 대로 자유분방하게 그려져 있습니다. 그 문양은 담담하면서도 소박합니다.

이곳의 장독대 문양을 오래도록 쳐다보면 이 장독들을 만들던 장인의 모습이 선히 떠오릅니다. 온몸으로 옹기를 공손히 감싸안고 양손으로 문양을 새겨넣습니다. 이마에서 흐르는 땀방울과 입가에 번지는 미소, 가슴에서 일어나는 수더분한 기운이 장독 표면에 고스란히 옮겨집니다. 그만이 깨지는 항아리의 아름다움을 알고 있지 않았을까요. 그는 된장·고추장도 남원 김종옥씨의 인월요 항아리에 담습니다. 국내 유명한 도자요를 모두 다녀본 결과 인월요 제품이 가장 적합한 것으로 판단됐기 때문입니다. 그래서 동락원의 장독대는 다른 곳과 차원을 달리하고 있습니다.

조선시대 임금님들의 음식 맛을 내기 위해 쓰이던 간장, 그 생산지가 전북인 것이 자랑스러운, 희귀성과 역사·가치 등 종합적인 면에서 세계적 명품으로 마땅한 숙황장이 청와대에는 안 들어가냐고 묻자 "아직 모르시는지…"라며 김 명인은 말을 아꼈던 그가 최근에 작고했다는 말을 조희천 전주기전대학교 총장으로부터 들었습니다.

"예전에는 종가의 식솔이 많아서 하루에 쌀 한 가마니가 기본이었습니다. 쌀 한 가마니로 하는 밥에 필요한 반찬을 장만하려면 간장도 만만치 않게 쓰입니다. 그래서 간장을 많이 담그는데, 간장을 한 날 한 시에 담그더라도 맛은 독마다 다릅니다. 그 가운데 가장 맛있는 간장 독이 전독이 됩니다. 전독 간장은 먹지 않고 두었다가 다음해 장을 담글 때 항아리마다 조금씩 나누어 새로 담근 장과 섞습니다."

이곳엔 다양한 장독대가 존재하고 있습니다. 옹기에는 그 생김새에 어울리는 저마다의 이름이 있습니다. 운두가 높고 중배가 부르며 키가 큰 것은 독이라 하고, 위아래가 좁고 배가 부른 것은 항아리라고 합니다. 독보다 조금 작고 배가 부른 것은 중두리, 중두리보다 배가 부르고 키가 작은 것은 바탱이, 독의 뚜껑으로 쓰이는 굽 없는 접시 모양의 그

릇은 소래기, 둥글넓적하고 아가리가 쫙 벌어진 것은 자배기라는 이름이 있습니다. 모두 버리기 아까운 어여쁜 이름의 옹기들입니다.

동락원에서 아침상을 받았습니다. 이곳에서 직접 만들어낸 10가지가 넘는 반찬에 멸치육수를 내서 끓인 근대된장국이 참 구수했습니다. 무우말랭이와 머위나물, 파래자반까지 그저 수수하고 담백한 맛입니다. 안채인 승독당勝讀堂 앞 단풍나무 정자아래에 차 한 잔 마실 수 있는 여유를 선물해 주었습니다. 중국의 유명 시조 가운데 시구 가운데 "그대와 더불어 나눈 한 시간의 이야기가 10년 동안 책을 읽은 것보다 낫네"라는 말이 있는 것처럼 대화는 이렇게 알차게 이루어져야 합니다.

하얗고 앙증맞은 하얀 잔에 잘 우려낸 허브차 한잔에 머리가 맑아지

동락원 장독대

는 것 같은 느낌이 들었어요. 이른 아침 동락원에서 나와 오목대에 올라가 한옥마을을 바라봤습니다. 아침 식사를 하기 전 일출을 보겠다면 카메라를 챙겨들고 나간 그 시간, 낮게 깔린 아침안개를 뚫고 서서히 올라오는 아침햇살은 물에 수채화물감을 풀 듯 한옥마을 풍경에 금새 퍼지고 말았습니다.

들과 꽃의 집 '초정'

전주향교 인근 '들과 꽃의 집 草庭(초정)'은 학인당의 막내딸이 시집 온 곳으로, 1930년대에 지어졌으며, 3대째 거주를 하고 있습니다. 주인 신씨의 시어머니가 바로 학인당 막내딸로, 정말 많은 혼수를 해 왔습니다. 밥해주는 침모針母까지 딸려서 트럭 두 세대 분량의 살림을 들여보냈다고 하니, 그 규모를 짐작할 수 있을 것입니다.

반지르르하고 큼직한 오동나무 농이며, 이런 저런 가구며, 평생 입고 신을 버선과 토시 등이 이를 말해주고 있습니다. 시어머니 돌아가신 후 많은 양의 유품을 태우고도 현재 남아있는 게 많습니다. 안채 거실에 들어서면, 옛 도구들이 진열된 고풍의 탁자와 마주하게 되는데, 가위, 칼 등 요새는 잘 볼 수 없는 진귀한 것들이 그득 놓여 있어 그걸 보는 재미가 쏠쏠합니다.

예전엔 시집갈 처자가 있는 집은 장독대 관리에 신경을 곤잘 쓰지 않았나요. 중매쟁이나 시집 식구들이 장독대를 보고, 그 집 여인들의 사람됨과 살림 솜씨를 알아보고 혼사를 결정했기 때문입니다.

또 장사하는 이는 매월 초사흘에 장독대에 고사를 지냈고, 집안의 안녕을 위해서 보름달이 뜨면 정안수를 떠놓고 빌었습니다. 하나의 문호가 스러지면 그 안에서 사용하던 말뿐 아니라 삶의 흔적과 정신도 사라집니다. 초정 주인은 이 장독대를 정성껏 간수해왔습니다. 신기루 같은 세상에서 장독대만큼은 변함없이 그 자리를 지켜왔고, 그 장독대를 통해 그녀의 지난 삶의 근거를 확인할 수 있기 때문입니다.

신유순 여사는 2016년 현재 65세입니다. 건물로 들어서면 바로 만

초정 장독대

나는 굴뚝도 정겹지만 장독대는 더없이 돌아가신 외할머님을 만나는 듯 설렙니다. 저를 위해 정화수를 떠놓고 한시도 마음 편히 살지 못하시다가 먼저 아주 먼 곳으로 가셨거든요. 아래층의 장독대도 멋지지만 위층의 장독대는 문양으로 보아서 아주 오래됐군요. 특히 위층의 6개는 아주 모양이 크며, 수화문 등 다채로운 모양으로 꾸며져 발길을 사로잡고 있습니다. 시어머님이 물려준 것이라서 잘 간직하고 있지만 실수로 몇 개는 깨먹었다며 얼굴을 붉히기도 합니다.

이곳의 장독대는 안마당에 나지막하게 돌을 쌓고, 주위에 갖가지 화초를 심어 분위기가 철철 넘칩니다. 독을 가지런하고 균형 있게 놓아 그 매무새가 참으로 아름다운 모습에 집안의 바지런한 가풍을 너끈하게 읽습니다. 고추장, 된장, 간장을 담은 장독은 물론 젓갈 항아리, 요강 등이 자기 위치를 지키고 있는 바, 이 세상 사람들 모두가 제 역할을 충실히 다하기를 염원합니다.

장독대를 보면서

장독대는 작은 정원이며 여인들의 성소입니다. 장독대 주변에는 으레 채송화 봉숭아를 심습니다. 종종 예쁜 돌로 장독대의 경계를 만들고, 매일 밤마다 맑은 물 한 사발 떠놓고 두 손 모아 가정의 평화와 건강과 풍요를 기원하던 어머니의 맑은 모습이 지금도 선하게 기억됩니다.

『해동죽지海東竹枝』의 "붉은 팥으로 집집마다 죽을 쑤어 문에 뿌려

부적을 대신했다. 오늘 아침에 비린내 나는 산귀신을 모두 쫓으니 동지에 양기 나면 길한 상서 맞는다"라는 시에서 보듯이 붉은 팥죽의 벽사辟邪성을 알 수 있습니다. 따라서 동짓날 팥죽은 조상께 제사 지내고 방, 마루, 광, 헛간, 우물, 장독대에 한 그릇씩 놓은 후 들고 다니며 대문이나 벽에 뿌리면 귀신을 쫓고 재앙을 면할 수 있다고 믿었으며, 간간이 이같은 풍속을 한옥마을에서 만날 수 있습니다.

마음에서 우러나는 한옥마을 사람들의 사랑과 정情의 문화, 자연과의 합일을 통해 새로운 생명을 잉태시키는 생명문화, 삶속에 과학이 자연스레 묻어있는 발효문화…. 지금의 전주가 있게 한 것들이 아닐까요.

오늘날 우리 밥상이 무너지고 있는 것은 이 '삭힘' 즉, 발효와 세월을 잊어버리고 있기 때문인가요. 제대로 삭힌 음식이 아니라 무늬만 삭힌 음식인 가짜 발효음식, 가짜 조미료, 인공화학조미료 범벅인 음식이 판을 치기 때문입니다.

'한옥마을의 역사'란 퍼내고 퍼내도 결코 바닥을 드러내지 않는 장독과도 같습니다. 바람이 말리고 세월이 삭힌 깊은 맛을 융숭하게 간직한 전주의 장독대에 천년의 향기가 오롯이 자리하고 있습니다,

굴뚝,
소통을 이야기 합니다

우리나라 건축은 굴뚝조차 예술이 됩니다. 그 사례로 경복궁의 예쁜 굴뚝들이 꼽힙니다. 자경전 십장생 굴뚝. 자세히 보아야 굴뚝인 줄 알 만큼 예술적입니다. 자경전이 보물 809호이고. 굴뚝이 따로 보물 810호로 지정되었습니다. 경복궁 아미산 굴뚝은, 보물 811호입니다. 아미산은 조선 태종이 경회루를 세운 연못을 파고 난 뒤 그 흙으로 왕비가 사는 교태전 뒤에 세운 인공 동산입니다. 이 굴뚝은 6각형으로 한껏 멋을 냈고, 소나무·매화·불로초·학·박쥐 같은 것을 무늬로 넣었습니다.

평범한 사대부집이나 민가의 질박한 굴뚝들에도 정감이 갑니다. 키작은 흙기둥에 기와 몇장 턱턱 얹은 품새가 얼마나 매력적인가요. 언뜻 꼬마 병정처럼 귀여우면서도 저렇게 연기를 내는 중요한 기능을 해내는 모습은 마치 장군처럼 의젓하지 않은가요. 키작은 굴뚝처럼 낮게, 겸손하게 살 수만 있다면 얼마나 좋을까요. 작은 굴뚝에 기와 지붕을 없어 꾸미는 집주인의 마음을 한번 상상해봅니다.

눈이 휘날리는 들판에 뽀얀 연기가 피어오르는 외딴 집 굴뚝은 따뜻해 보이고 이육사의 시에 나오는 "살랑살랑 감자 굽는 내가 솟아나는 산골짜기 오막살이 낮은 굴뚝"은 정겨워 보입니다. 선비집의 경우는 어떠한가요? 그리 높지 않게 돌을 쌓아 암팡지게 만들었습니다. 이는 그 집 주인의 인품을 드러내고 높지 않은 굴뚝은 검소한 생활을 통해 유학적 덕목을 지키려는 의지의 표현일 수도 있습니다.

예전에는 김장용 무를 뽑으면 반드시 무청을 따로 모아두었습니다. 시래기를 얻기 위해서였습니다. 지저분한 겉잎을 떼어내고 깨끗하게 다듬은 무청을 아버지는 굴비 엮듯 짚으로 두름을 엮으셨습니다. 이것을 집 뒤 굴뚝 옆 처마 밑에 매달아놓았습니다.

그래서 뒷동산에 올라가 동네를 내려다보면 집집마다 걸어놓은 무청 두름이 볼만했습니다. 시래기로 마르기 전의 무청 두름은 마치 파란색 발을 엮어 늘어뜨린 것 같아 보였습니다. 굴뚝에 저녁 연기 오르고 연기가 동네에 자욱이 깔리면 연무 같은 연기 속에서 파란 무청이 더욱 도드라졌습니다. 연기와 함께 겨울햇볕에 마른 무청은 마침내 시래기가 되어 한겨울 내내 가난한 농가의 국거리 나물거리가 되어주었습니다.

굴뚝은 곧 바로 아궁이를 연상하고, 아궁이는 또 구들장과 군불과 소여물 끓이는 과거의 모습으로 우리를 끌고 갑니다. 추운 겨울날 바람이 내리 불면 연기가 아궁이로 몰려 나와 눈물이 범벅이 되면서도 소죽과 군불을 피웠지요.

연기가 자욱하게 땅바닥에 짙게 깔리고 산사의 조용한 하루가 지나가고 산새들도 보금자리로 찾아가고 저녁 예불의 종소리, 그리고 정적

속의 풍경소리만이 남는 그곳에 굴뚝 역시 잔잔한 연기를 사방으로 자비의 목소리를 실어 보내는 저녁 종소리처럼 실어 보냅니다. 연기가 하늘로 날아가지 않고 땅바닥을 기어 다닌 듯한 모습에서 선조들은 날씨를 예견하곤 했습니다. 저녁 무렵 작은 마을에 낮게 깔리는 회색빛 밥 짓는 연기를 보고도 마음이 평화로워지지 않는 사람이 있을까요.

굴뚝은 구조적으로 보면 온돌의 연장선이자 종착역입니다. 난방 기관의 항문이랄까. 아궁이에서 피운 연기와 온기는 구들장을 데우고 연기길인 연도를 거쳐 굴뚝으로 나옵니다. 그러나 단순히 연기를 빼내는 기능만 하는 것이 아닙니다.

이 굴뚝이 있어 아궁이 불길이 더 깊숙히 안쪽으로 빨려들어가게 됩니다. 소통의 의미로 해석되는 까닭입니다. 굴뚝은 또 처마 밑에 있기 때문에 굴뚝에서 나온 연기는 집안을 한 바퀴 감싸 돌아나가게 되는 바, 이는 집 안팎을 소독하는 효과도 탁월해 우리 조상들의 지혜를 엿볼 수 있습니다.

그래서 온돌이 발달할수록 굴뚝도 더욱 더 발달합니다. 온돌하면 한국 아닌가요. 굴뚝도 당연히 한국이 으뜸입니다. 그래서 굴뚝만 봐도 그 집이 어느 동네인지 알 수도 있습니다. 추운 곳일수록 불길을 잘 빨아들이도록 굴뚝을 높이 세웁니다. 북쪽 지방일수록 굴뚝이 높고, 남쪽으로 갈수록 굴뚝이 낮아집니다.

흰 구름 생겨나는 곳에 사람 사는 집들이 있더라

차가운 2월, 겨울산에 올랐던 중국 시인 두목은 비탈길을 질러가며 접한 풍경에서 시정을 얻어 "흰 구름 생겨나는 곳에 사람 사는 집들이 있더라"고 읊었습니다. 추운 겨울 민가에서 나오는 하얀 연기가 구름처럼 깔리는 모습을 보고 쓴 시입니다. 당신, 서리 맞은 이파리가 2월의 꽃보다 붉던가요.

누군가가 그랬습니다. '인연'이란 잠자리 날개가 바위에 스쳐, 그 바위가 눈꽃처럼 하이얀 가루가 될 즈음, 그때서야 한 번 찾아오는 것이라고. 오늘도 쨍쨍한 햇볕에 녹아버릴 것 같은, 바람이 휘익 불면 떨어질 것 같은, 그런 여리고 작고 가벼운 날개로 날아갑니다. 인연이 있으면 천리 밖이라도 만납니다. 인연이 없으면 마주보고 있어도 만나지 못합니다. 모든 인연에는 오고 가는 시기가 있습니다.

산 것은 반드시 죽고, 떠난 사람은 반드시 돌아오며 만나면 반드시 헤어지게 됩니다. 만남에는 반드시 인연이 있어야 합니다. 남자들은 삶을 영위하면서 부모, 군대, 연인, 대학교, 그리고 종교 등 다섯 번을 만나야 한다고 합니다. 그렇다면 사제들은 몇 번의 인연을 통해 자기 자신을 담금질을 하는 것인가요.

우리나라는 전동성당사제관 등 모두 5개의 사제관이 문화재로 지정, 보호받고 있습니다.

강화온수리성공회사제관은 인천 유형문화재 제41호로 우리나라에 성공회가 처음으로 전파되기 시작할 때, 초대 선교사 고요한 주교와 함께 영국으로부터 내한한 조마가 신부가 1896년 강화에 부임하여 선교를 하면서 2년 후인 1898년에 건축한 건물입니다.

영국 성공회가 선교를 시작하면서 영국인 신부가 한국전통주거문화 속에 어떻게 적응하고 왔는가를 짐작하게 할 수 있는 주거공간으로, 또 건축수법이나 치목형식에서 완전히 한국적인 것만이 아니라 영국인들의 주문을 어떤 방식으로 소화하여 기술적인 적용을 하였는가를 드러내는 건축이라 할 수 있습니다.

하우현성당사제관은 경기 기념물 제176호로 100주년을 맞은 유서 깊은 역사를 가진 성당이며, 1906년 신축한 사제관은 2001년 1월 22일 경기도 기념물 제176호로 지정됩니다. 울산 언양성당과 사제관은 등록문화재 제103호로 1928년 5월 25일 신축 기공식을 갖고 1936년 10월 25일 축성식을 갖는 등 영남 천주교 신앙의 온상지입니다.

횡성 풍수원성당 구 사제관은 등록문화재 제163호로 1896년 제2대 주임으로 부임한 정규하(아우구스티노) 신부가 중국인 기술자들과 함께 현재의 풍수원성당을 1905년에 착공, 1907년에 준공했고 1909년에 낙성식을 거행한 것으로, 한국인 신부가 지은 첫 번째 성당이고 한국에서 네 번째로 지어집니다. 이중 사제관은 1912년 착공 1913년 10월 1일 준공했으며, 1998년 전시관으로 개조합니다.

전동성당사제관은 1926년에 지어진 건물로 전북에서 가장 오래된 굴뚝을 갖고 있습니다. 사제관은 본당 건립 후 2대 주임신부였던 라크루신부가 장차 전주교구가 설정될 경우를 대비하여 건축을 시작합니다.

이 건물은 1937년 전주교구청사 및 교구장 숙소로 사용되었으며 1960년 이후부터는 주임신부와 보좌신부의 생활공간으로 사용되고 있습니다. 전면을 제외한 지붕의 3곳은 좌우에 굴뚝을 대칭으로 세운 바

모두 6개의 굴뚝을 갖고 있지만 지금은 사용하지 않습니다.

전주는 북으로 건지산乾地山과 물을 건너 남으로 곤지산坤地山이 마주하고 있습니다. 건지산은 마치 어머니가 사랑스런 아이를 품으려는 듯한 모습으로 부드러운 손길을 뻗어 너른 들을 내었고, 곤지산은 그것을 받아들려는 자세로 건지산을 향해 서 있습니다.

건지는 하늘이라는 뜻이고 곤지는 땅이라는 말입니다. 그 경계에 전주천이 은하수처럼 흐릅니다. 은하수를 사이에 두고 하늘의 견우와 땅의 직녀가 그리워하듯 그렇게 마주하고 있습니다. 그 한 가운데에 전주성이 있었으며, 그 안의 풍남문에서 무수히 많은 천주교 교우들이 목숨을 잃었습니다.

풍남문은 한국 최초의 순교자 윤지충과 권상연 그리고 호남의 사도 유항검과 초대 전주 지방 교회의 지도급 인물들이 처형된 곳입니다. 1791년(신해년) 12월 8일 윤지충과 권상연이 참수, 한국 교회 최초의 순교자로 기록되며, 1801년(신유년) 천주교 박해령이 내리자 3월 호남에 검거 선풍이 일어 유항검은 대역 부도죄, 유관검·윤지헌은 역적 모의죄로 능지처참되고 김유산·이우집은 불고지죄로 9월 17일 참수됐습니다. 그 후 90년 만에 그 자리에는 전동성당이 자리를 잡아 초대 교회의 굳건한 신앙을 기리고 있습니다.

1915년 6월 7일 제주도 제주읍 본당의 라크루Marcellus Lacrouts신부가 제2대 전동성당 신부로 부임합니다. 그 당시 성당은 미완성이었으며, 건물에 대한 평가는 20만원 상당이었다고 합니다. "전동성당은 지방에 있는 성당 가운데 가장 아름다운 곳이다"고 『전라도 약기』는 말합니다.

그러나 사제관은 변변치 못했습니다. 라크루신부는 장차 전주교구가 설정될 경우 전주 본당은 주교좌 본당이 될 것이므로 이에 걸맞는 건물을 지어야 했습니다. 그래서 1926년 1만5,000원을 들여 사제관을 먼저 건축합니다. 동료 선교사들의 말대로 "그는 전라도의 수도首都에 걸맞는 사제관을 지었다." 라크루신부는 1925년경 유행성 감기에 걸린 환자에게 병자성사을 주다가 감염됩니다. 그 후 폐병으로 건강이 날로 나빠졌고, 미사를 드리지 못할 정도로 악화돼 끝내 완치되지 못했습니다. 1929년 8월 11일 새벽 1시경 만성폐결핵으로 피를 토하며 선종을 합니다.

붉은꽃 인동초는 이름 그대로 엷은 잎 몇 개로 모진 추위에도 말라죽지 않고 겨울을 이겨내는 강인한 생명의 원동력을 상징하는 식물이며, 아름드리 동백나무는 봄이면 무게를 이기지 못한 꽃송이를 떨어 뜨려놓아 주변을 마치 붉은 카펫처럼 수놓고 있어 운치를 더하고 있지 않지요.

확신하건대, 답답한 사막의 지표면을 뚫고 새 순을 드러내는 선인장보다 강인하게 생명의 소중함과 부활의 기쁨을 느끼는 것은 묵묵히 제 십자가를 이고 지고 가는 착한 사제들 덕분입니다. 굴뚝에 불을 지피우면서 믿음의 다리를 연결하고, 신자들로 하여금 희로애락의 세상사를 잘 갈무리 하지 않았을까요.

굴뚝에는 굴대장군이 있다

최부잣집 굴뚝

전동성당사제관 외에 학인당 (1908년), 오목대 사랑채, 양사재, 동락원, 전주한옥생활체험관, 국악의 집 한옥체험관, 승광재 옆 전주 최부잣집(1937년) 등에서도 굴뚝을 만날 수 있습니다. 학인당은 4개 중 1개, 전주 최부잣집은 2개 중 1개만 남아있지만 전주 한옥마을 굴뚝 가운데 최고 높이를 서로 다툽니다. 양사재의 경우, 2015년 여름까지 장작으로 방을 따스하게 만드는 온돌방이 있었지만 지금은 운영하지 않아 아마 전주한옥생활체험관만이 구들방의 추억을 간직한 유일한 곳이 아닌가 싶습니다. 하지만 대부분이 도시가스로 방에 불을 지피우고 있어 2% 부족하다는 생각이 듭니다.

학인당의 구수한 된장 냄새는 따뜻한 어머니의 품을 기억하게 합니다. 해가 뉘엿뉘엿 저물면 하나둘씩 굴뚝에 연기가 모락모락 피어오르고 구수한 된장찌개 향이 코끝을 자극할 때 즈음 어머니의 "얘야 밥 먹어라"라는 부름에 아이들은 하나둘씩 집으로 달려갔지요. 먹을거리 어머니의 손맛이 바로 우리의 먹을거리를 대변하는 시절이지요. 학인당은 오래된 종택을 아담하고 소박하게 다시 꾸며 누구나 편하게 쉬다갈 수 있는 쉼터 같은 곳입니다.

해방 이후에는 이곳에 백범 김구 선생과 해공 신익희 선생이 머물렀다고 하여 그들이 머물렀던 방에 '백범지실', '해공지실'이라는 이름이 붙여졌습니다. 학인당에는 본채 이외에 별당채와 사랑채가 있습니다. 두 건물은 여행자가 숙박할 수 있는 객실로 구성되었습니다.

객실은 단독 화장실을 갖춘 것이 대부분이지만 장작불을 때는 구들방에는 화장실이 있는 것이 좋지 않아 실내화장실을 만들지 않았습니다. 야외에 샤워장과 화장실을 만들어놓아 사용하기에 불편하지는 않습니다. 아침식사를 원할 경우, 채식으로 구성된 식사를 제공하며 본채 마루에 있는 선다원에서 차 한 잔 마시는 여유도 가질 수 있습니다.

전주한옥생활체험관에 겨울 스산한 바람이 불어오고, 굴뚝에서 피어오르는 흰 연기 타고 퍼져오는 구수한 밥 냄새와 장작 타들어가는 냄새는 가슴속 깊이 숨어 있던 어린 시절 그리움을 흔들어 깨웁니다. 이곳은 여전히 세화관 뒤에 굴뚝이 존

동락원 굴뚝

전주
한옥마을
다시보기 1

학인당 굴뚝

초정 굴뚝

재하며 장작으로 불을 지피우는 온돌방(구들방)이 2개가 자리하며, 2인 기준 10~12만원을 내면 이용할 수 있다고 합니다. 세화관世化館이란 이름처럼 세상의 조화로움을 꿈꾸어봅니다.

세화관은 행랑채, 사랑채, 안채로 ㄷ자 형태의 전통한옥 구조로 되어있습니다. 방안은 손님이 들어오기 3~4시간 전에 미리 아궁이에 불을 지펴 방을 데우는 전통 구들방 양식입니다. 마루 밑바닥 사이로 보이는 참나무 장작들이 손님을 기다리며 빼곡이 차 있는 모습이 인상적입니다. 방안은 전통 한지로 깔끔하게 도배되어 있고, 서랍장부터 다도 찻잔까지 모두 전통 스타일로 단아하게 놓여있습니다. 군데군데 노랗게 데인 방바닥 모습이 보기만 해도 따뜻합니다. 하루 종일 밖에서 쌓인 피로를 온돌 위에서 말끔히 씻어낼 수 있을 듯합니다.

잘 마른 소나무 장작 두어 개를 아궁이에 던져 넣자 금세 불이 옮겨 붙더니 장작 타는 정겨운 냄새가 좁은 마당을 가득 채웁니다. 황토 굴뚝에선 구수한 연기가 피어오르고, 원앙금침(이불)을 깔아둔 아랫목에 손을 넣는 순간 '앗 뜨거' 소리가 절로 튀어나옵니다. 이곳은 한국인의 DNA에 새겨진 '구들장의 추억'을 되살려 주는 소박한 민박집입니다. 내력 있는 종택도, 유서 깊은 고택도 아니건만 주말마다 예약이 밀려드는 까닭은 황토 구들방에 등 지지는 그 맛이 각별해서입니다.

애오라지 하얀 연기 솔솔 피워내면서 천상의 문턱으로 한발 더 가까이 다가서고 싶은 마음입니다. 굴뚝은 고향을 그리는 마음과 함께 천년만년을 이어 나갈 전주 문화의 상징 문패에 다름아닙니다.

세상에서 가장 아름다운 굴뚝 산골짜기 오막살이 낮은 굴뚝에서 살랑살랑 솟아나는 감자 굽는 내가 나는 연기는 거친 음식과 밥내가 묻어 있는 우리네 모듬살이가 아닌가 싶습니다. 생활의 향기요, 당신을 이끄는 소통의 얼굴로 삼백예

술다섯날 언제나 굴뚝이 당신 곁에 자리하기를 바랍니다. 저 하늘로 높이 높이 솟구쳐 굴뚝의 연기로 흐르면 보고 싶은 내 마음이 새까맣게 그을린 굴뚝되어 당신에게 바짝 다가선 거예요.

강암서예관 굴뚝

한옥마을 건축물에는 어떤 동물이 살고 있을까?

전주 경기전 대밭은 올곧은 선비의 결기같이 솟은 대나무가 바람에 흔들리면서 역사를 얘기합니다. 서슬 시퍼런 권력의 칼날에도 무릎 꿇는 비겁한 선택을 하지 않고, 학처럼 고고하게 세속의 모든 그리움, 그 안에 묻어 두고 대잎을 싹틔우며 하루하루를 진지하게 살아가고 있는 전주의 선비들과 이성계의 후예들이 하는 다짐일 터입니다.

최명희의 단편소설 〈만종〉은 등단 이후인 1980년 발간된 전북대학교 교지 《비사벌 8집》에 실린 작품으로, 전주 한옥마을과 전동성당, 경기전과 조경단, 풍남초등학교와 완산초등학교, 중앙초등학교 등 전주를 연상시키는 다양한 단어들이 살아 있습니다.

고궁ㅎ宮의 묵은 지붕 너머로 새파란 하늘이 씻은 듯이 시리다. 우선 무엇보다도 그것에는 나무들이 울창하게 밀밀하였으며, 대낮에도 하늘이 안 보일 만큼 가지가 우거져 있었다. 그 나무들이 뿜어내는 젖은 숲 냄새와 이름 모를 새들의 울음소리며, 지천으로 피어 있는 시계꽃의 하얀 모가지, 우리는, 그 경기전이 얼마나 넓은 곳인지를 짐작조차도 할 수 없었다.

그는 〈만종〉에서 경기전을 이렇게 표현합니다. 당시, 경기전에는 맹오리 영감이라는 터줏대감이 있고, 그 맞은 편 전동성당에는 봉사할멈이 있습니다. 이 일대는 요즘 전국체전 준비를 이유로 재단장이 한창이며, 공무원의 불도저가 파헤친 것은 단순히 낡은 건물만이 아니라, 거기 함께 묻어둔 우리네 추억과 거기에 기반을 둔 삶 전반이 나타나는 등 주인공의 즐겁고 아름다웠던 어린 시절에 맞추어져 있습니다.

매년 약 1,000만 명이 찾는 전주 한옥마을. 이곳을 방문하는 사람들은 무엇을 보고 느끼고 갈까. '아는 만큼 보이고, 느끼는 만큼 보인다'는 말처럼 꼼꼼하게 체크하면서 무심코 지나치지 않는다면 풍남문의 해태 등 무수히 많은 동물들을 만날 수 있습니다.

해태는 불을 누르는 짐승

경기전 문 앞으로 걸음을 옮기면 전북도 유형문화재 제222호로 지정된 하마비를 만나게 됩니다. 눈썰미가 제법 있는 사람이라면 하마비를 떠받들고 있는 두 마리의 해태(또는 사자)를 볼 수 있습니다. 우선, 여느 하마비와 다른 모습을 하고 있습니다. 판석 위에 비를 올리고, 그 판석을 두 마리의 동물이 등으로 받치고 있습니다. 이곳의 하마비는 우리나라에서 가장 아름다운 형태를 지닌 것으로 정평이 나있습니다.

이 하마비가 건립된 해는 왜란 때 소실된 경기전이 중건된 1614년(광해군 6년)입니다. 이후 1856년(철종 7년)에 중각重刻됐습니다. 경기전이 조선왕조의 상징인 태조 어진을 봉안한 곳이고, 그래서 근처에 있던 향교까지도 유생들의 글 읽는 소리가 시끄럽다고 해서 화산으로 옮긴 것으로 보아 이 하마비, 수문장의 위력은 대단했을 것입니다. 화재를 막아내려는 목적으로 해태를 배치했다는 말이 설득력을 갖고 있습니다.

그런데 자세히 보면 두 마리 해태의 모습이 다릅니다. 왼쪽 해태(우리가 바라보아서 오른쪽) 입을 딱 벌리고 있는 것에 비해, 그 옆의 우측 해태는 입을 다물고 있습니다. 마치 불교에서 금강역사의 형상과 유사합니다. 입을 벌리고 있는 '아금강'과 입을 다물고 있는 '음금강'은 곧 공격과 수비요, 양과 음이요, 따라서 하나의 완성입니다.

그렇다고 하면 하마비 두 마리 해태의 서로 다른 모습이 어떤 의미인지 짐작이 갑니다. 입을 벌리고 있는 해태는 수놈이고, 입을 다물고 있는 해태는 암놈입니다. 또, 발톱의 모양도 다릅니다. 입을 벌리고 있는 공격형의 수놈 해태는 발톱을 세우고 있고, 입을 다문 수비형의 암놈 해태는 안으로 오므리고 있습니다. 그런가 하면 엉덩이의 크기는 암놈 해태가 수놈보다 훨씬 더 큽니다. 머리 크기와 몸의 덩치는 엉덩이와 반대로, 수놈 해태가 더 큽니다. 눈매도 수놈 해태가 부리부리하니 공격적입니다.

해태가 아닌 이를 사자로 보고 있는 이동희 전주역사박물관 관장은 "결국, 사자 한 쌍이 음양의 조화를 이루면서 경기전을 지키는 것은 시

풍남문 전경

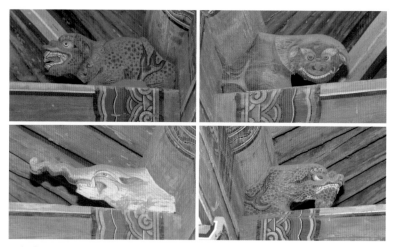

풍남문을 지키는 해태

풍남문 용

대를 관통해 우리 문화의 토대를 이루고 있는 음양오행사상이며, 우리 전통문화의 특징은 아닐까 한다"고 말합니다. 한옥마을에 자리한 보물 제308호인 풍남문 건물 곳곳에도 해태가 자리합니다. 하지만 해태들이 건물 안쪽 상층부에 자리하고 있어 밖에서는 잘 보이질 않습니다.

이곳의 해태는 전주를 지키는 수호신의 개념과 1767년 정해년丁亥年의 큰 불 등 화마로부터 보호를 뜻하는 상징에 다름 아닙니다. 해태는 불을 누르는 짐승으로, 물과 연결, 바다 해海자를 써서 해타海駝, 해태海苔로 적기도 합니다.

또, 그 앞에서는 어떤 신하라도 말에서 내려 걸어 들어가야 했던 만큼 왕권의 상징입니다. 그래서 풍남문의 해태 역시 조선왕조를 상징하는 랜드마크인 셈입니다. 풍남문의 문루 1층과 2층의 화반花盤 즉 익공계 건물에 기둥과 기둥 사이의 장식판에 해태 등 서수 10여 마리가 서로 각기 다른 모양을 한 채 오늘도 전주를 지키고 있습니다.

해태가 화기를 누른다면 거북이는 장수를 기원하지요. 경기전의 진전의 풍판에서는 거북이의 모습을 볼 수 있습니다. 진전 앞에서 바라보았을 때, 그 돌출된 지붕 측면 널판지가 정면으로 보이는데, 여기에 나무로 된 조각품이 붙어 있습니다. 그 형상으로 보아 틀림없는 한 쌍의 거북입니다. 한 마리는 목이 잘려 나갔지만, 나머지 한 마리는 목이 온전하게 남아 있습니다.

경기전 풍판의 거북

어느 목공木工이 경기전을 완성하고 그 영원함을 기원하기 위해 지붕에 암수 두 마리의 거북이를 올려놓았던 것이란 해석입니다. 거북이는 특성상 물에서 살고, 진전이 목조 건축인 점에서 화재막이용 거북이일 가능성이 큽니다. 음양의 조화를 이루면서 화마를 피해 진전이 영원하기를 바라는 염원의 발현은 아니었을까 짐작이 가는 대목입니다.

경기전 어진박물관 태조 어진의 용

경기전 어진박물관의 조선 태조 어진은 국보 제317호로 조선을 건국한 태조 이성계의 초상화로, 곤룡포의 용이 살아 꿈틀거리는 듯 생동감으로 넘쳐나면서 위엄을 더하고 있습니다. 태조의 초상화는 한 나라의 시조로, 국초부터 여러 곳에 특별하게 보관되어 모두 26점에 이르렀으나 현재 전주에 1점만이 남아 있으며 국보가 됐습니다. 우리나라 어진 가운데 유일한 국보인 셈입니다. 때문에 가을이 되면 해마다 경기전 등 전주 한옥마을 일원에서 어진 행렬 행사를 재현하고 있습니다.

이 초상화는 임금이 쓰는 모자인 익선관과 곤룡포를 입고, 정면을 바라보며 의자에 앉아있는 전신상으로 명나라 태조 초상화와 유사합니다. 곤룡포의 각진 윤곽선과 양다리쪽에 삐져나온 옷의 형태는 조선 전기 공신상에서 볼 수 있는 특징입니다.

또, 바닥에 깔린 것은 숙종 때까지 왕의 초상화에 사용된 것으로, 상당히 높게 올라간 것으로 보아 오래된 화법임을 알려줍니다. 의자에 새겨진 화려한 용무늬는 공민왕상에서도 보이는 것으로, 고려말에서 조선초까지 왕의 초상화에서 나타나고 있습니다. 익선관은 골진 부분에 색을 발하게 하여 입체감을 표현하였고, 정면상임에도 불구하고 음영법을 사용하여 얼굴을 표현합니다.

이는 1872년(고종 9년)에 낡은 원본을 그대로 새로 옮겨 그린 것인데, 전체적으로 원본에 충실하게 그려 초상화 중 가장 표현하기 어려운 정면상임에도 불구하고 훌륭하게 소화해 낸 작품으로 조선 전기 초상화 연구에 있어 귀중한 자료가 됩니다. 『조선왕조실록』과 『승정원일기』 등 각종 기록에 의하면 태조어진은 모두 25점이나 그려졌는데, 면복본 冕服本, 정건본幀巾本, 익선관본翼善冠本, 곤복본袞服本, 황룡포본黃龍袍本, 입자본笠子本, 마좌본馬坐本 등입니다.

물론 모두 영전影殿이나 진전봉안용進展奉安用입니다. 이들 태조어진은 문소전文昭殿, 선원전璿源殿, 집경전集慶殿, 경기전慶基殿, 영숭전永崇殿, 목청전穆淸殿, 영희전永禧殿, 남별전南別殿 등에 봉안됐습니다. 태조어진 봉안에 참여한 화가를 보면 윤상익, 조세걸, 이재관, 조중묵, 조석진, 채용신 등이 있었습니다.

경기전 안의 예종대왕 태실 및 비도 전북 민속문화재 제26호로 볼거리입니다. 태실胎室은 왕이나 왕실의 자손이 태어났을 때 그 탯줄을 모셔두는 곳을 이르는 것으로, 특히 잘 보존된 거북 모양의 받침돌과 뿔 없는 용의 모습을 새긴 머리 돌이 돋보이는 게 비석입니다.

전주의 남천교에서도 용의 형상을 만날 수 있습니다. 원래의 남천교는 안경다리眼鏡橋 또는 오룡교五龍橋로 불리웠습니다. 다섯 개의 창을 가진 무지개 모양의 다리로, 각 창 머리에는 용머리를 새겨 놓았다고 전합니다. 이는 승암산이 화기火氣를 머금은 형세로 이를 방지하기 위한 것인 만큼 음양조화의 균형을 이루게 하고, 또 전주 부성의 안녕을 기원한다는 의미를 담았습니다. 지금의 남천교는 2009년 옛 지도상의 모습을 본떠 건설한 다리로, 잘 바라보면 용의 형상이 여러 곳에 자리하고 있습니다.

나에게 모란은

경기전 안으로 들어오면 연화蓮花, 주화朱花, 녹화綠花를 반복적으로 표현, 화려하면서도 은은한 분위기를 연출하고 있습니다.

특히 모란을 사용해 왕과 관련된 건축물임을 나타내고 있습니다. 경기전의 모란은 외신문, 내신문, 익랑의 단청에서는 만날 수 없고, 본전의 월랑과 감실 외벽 화반에서 찾을 수 있습니다. 월랑의 것은 화려하면서도 소박함으로, 감실 외벽의 것은 화려함에 화려함을 더하고 있습니다.

외신문 뒤쪽 창방에는 '壽(목숨 수)'자를 시문해 기쁠 '喜(기쁠 희)'자를 두 개 겹쳐 놓은 '囍(쌍 희)'자를 대신하고 있습니다. 외신문과 내신문 안쪽을 보면 '卍(만자 만)'자와 '亞(버금 아)'자가 쌍으로 각각 세 곳에 시문됐군요.

좋은 사람을 눈에 담으면 그 다음엔 향기가 느껴지고, 좋은 사람을 마음에 담으면 그 다음엔 온기가 느껴집니다. 내게 있지 않으면 아무리 장미꽃이라 해도 모란꽃이오, 나에게 있으면 그 꽃이 모란꽃이더라도 장미꽃입니다. 해맑고 투명한 아침 이슬을 닮은 영혼을 가진 당신이 머문 그 자리는 늘 아늑하고 편안하며 향기로움이 가득합니다.

"꽃이 예쁘다 한들, 금이 귀하다 한들, 어디 당신만 하겠어?" 꽃이 제 아무리 예쁘다 한들 환한 미소로 모든 사람을 대하는 당신꽃이 있어 이 겨울의 경기전이 참 아름답습니다. 금이 제 아무리 귀하다 한들 넓은 가슴으로 모든 사람을 대하는 당신꽃이 있어 이 시간이 참 정겹습니다.

눈길을 걷다 보면 꽃길 열릴거야! 두근두근 쿵쿵, 새로운 나를 만나는 소리 들리나요? 신년은 새로운 출발이라고 당신이 오늘 말합니다. 그래서 새 도화지를 받아든 아이처럼 설레입니다. 당신, 웃으니 참 좋아요! 그게 새로운 시작의 출발점입니다. 당신이 경기전에 머문 자리는 언제나 아름답습니다.

경기전 전경

비빔밥 같은 전주,
한국 종교의 축소판

전국 최대 규모의 한옥 밀집촌으로 조선의 발상지인 전주시 교동 주변이 한국 종교의 '축소판', '백화점'으로 전주비빔밥의 상생정신을 잘 보듬고 있어 주목을 받고 있습니다. 교동과 전동 등 한옥마을 일대에 둥지를 튼 종교는 불교와 기독교, 천주교, 원불교 등 4대 종단은 물론 천도교, 유교, 도교, 샤머니즘(무속신앙) 등 기본적으로 10여 개에 달하고 있는 실정입니다.

모두 셀 수 없을 만큼 많은 점집을 제외하고서도 한옥마을에는 공인된 종교 시설만 불교, 기독교, 각 종파 등 모두 헤아려 보니 20여 곳에 이릅니다. 특히 각 종교시설은 해당 종교가 뿌리내리는데 까지 얼마나 많은 순교와 고난이 뒤따랐는지를 잘 보여주면서도 문화유산으로의 가치도 더욱 풍부합니다.

먼저 경기전 앞 한옥마을 초입에 있는 전동성당은 사적 제288호로 소박하고 아담하지만 한국 천주교회 최초의 순교자인 윤지충과 권상연이 1791년 신해박해 때에 처형당한 풍남문이 있던 바로 그 자리에 건립됐습니다. 또, 전동성당사제관은 전라북도 문화재자료 제178호로 르네상스 양식을 바탕으로 로마네스크 양식을 가미한 절충식 건물로 조형적으로도 아름다운 외관을 유지하고 있습니다.

그리고 남문교회는 호남지역 최초의 교회인 서문교회에 이어 두번째 교회로 세워져 왕성한 포교활동을 벌이고 있습니다. 1905년 전주서문교회에 출석하던 마로덕 선교사와 최국현 장로 등 20여 명이 중심이 되어 만들어진 교회란 자료가 보입니다.

파사드를 선보인 전동성당

1832년 독일인 구츠라프에 의해 처음 소개된 개신교가 전주에 들어와 포교하기 시작한 것은 1893년 여름의 일입니다. "1893년 여름 리눌서 목사가 정해원씨를 전주에 보내어 전도도 하고 선교사가 묵을 집을 사게 함으로써" 전주에서의 개신교 활동이 시작된 것입니다.

6월 전주에 온 정해원은 완산칠봉 아래 은송리에 26달러를 주고 초가집 한 채를 마련하여 전도활동을 벌였으며 같은해 9월에는 테이트와 전킨이 전주에 머물면서 향후 선교계획을 수립하게 됩니다. 테이트 등이 전주에 묵고 있을 때 '양반만이 살고 있는 전주 땅에서 양인들은 물러갈 수 없느냐'고 고래고래 소리를 지르는 양반도 있었다고 하며 서양귀신을 쫓아낸다는 '축귀양인逐鬼洋人' 네 글자를 써 등에 붙이고 다닌 사람들도 있었다고 합니다.

1894년 3월 테이트 등이 전주에 정착하면서 본적적인 선교활동에 들어가지만 곧이어 일어난 동학농민혁명 때문에 철수하지 않을 수 없었습니다. 동학농민혁명이 끝난 직후 1895년 2월 레이놀즈와 테이트 일행은 은송리 초가집을 다시 마련한 뒤 그해 11월 선교활동을 재개합니다. 같은 해 처음으로 호남 최초의 개신교회인 전주 서문밖교회라는 이름으로 불리웠습니다.

동고사

동고사는 전북 문화재자료 제2호로 기린봉 기슭에 있는 절입니다. 지은 시기는 알 수 없으나 신라 경문왕 때 도선국사가 세웠다고 전해집

승암사 대웅보전

니다. 임진왜란 때 소실되었으며, 그 후 1844년(헌종 10년) 허주대선사虛
舟大禪師가 현 위치에서 중창한 후 소실되었던 동고사의 이름을 따서 부
른 게 오늘의 명칭으로 굳어졌습니다. 인근에 승암사와 남고사 등 여러
개의 사찰이 자리를 하고 있습니다.

그리고 전주향교와 전주향교 대성전은 전주향교소장완영책판 등 3
점의 문화재를 보유한 곳으로, 원래 조선 태조의 영정을 모신 경기전
근처에 있었습니다. 지금의 전주향교는 오목대 밑자락 기린로변에 있
습니다. 지금 위치는 임진왜란과 정유재란을 겪은 뒤, 관찰사 장만이
옮긴 것으로 알려져 있습니다.

설립 연대를 확실하게 알 수는 없으나, 1354년(고려 공민왕 3년)에 세
워진 것으로 추정되며, 원래의 위치는 풍남동에 있었던 것으로 보입니

다. 서거정의 『부학기』에 의하면, 원래 향교가 치소 내에 있었는데, 경기전이 들어선 뒤 향교와 진전이 너무 가까워서, 유생들의 글 읽는 소리 때문에 태조 영령이 편히 쉴 수 없다하여 향교를 성의 서쪽 6, 7리 되는 곳으로 옮겼다 합니다. 이 때 향교가 옮겨 간 곳이 지금의 화산 신흥학교 부근입니다. 부지가 너무 넓고, 부중에서 너무 떨어져 있어서 도둑이나 호랑이로부터 화를 입을까 염려하여 담장을 높이 둘렀다고 하니, 당시의 전주모습이 짐작이 갑니다.

1603년(선조 36년) 좌묘우사左廟右社, 즉 객사에서 남면하여 좌측에 문묘, 우측에 사직단社稷壇을 배치하는 옛 법도에 어긋난다하여 부성밖 동편인 지금의 자리로 다시 이전했다고 합니다. 아마도 정유재란 때 소실된 것을 옮겨 중건한 것으로 짐작되는 부분입니다.

전주향교 대성전

천도교 전주교구는 은행나무골에 자리, 동학농민혁명 100주년을 기념해 1995년 5월 31일 동학혁명기념관이 개관, 운영하고 있습니다. '동경대전', '용담유사' 등 동학 관련 고서와 표영삼이 수집한 동학의 창도부터 혁명의 최후 항전에 이르기까지, 30여 년간의 역사 현장이 고스란히 담긴 사진 100여 점을 선보이고 있습니다. 그렇다면 동학과 관련된 무슨 일이 있었나요?

1894년 4월 27일 동학농민군은 마침내 전주성을 점령합니다. 이는 동학농민군이 기둔 최대의 승리였습니다. 전라도의 수부이며 조선왕조의 풍패지향인 전주를 농민군이 장악하게 된 것입니다. 홍계훈의 경군과 농민군은 이후 4월 28일부터 5월 3일까지 전주성을 둘러싸고 거의 매일 치열한 전투를 벌이게 되는데 이를 흔히 완산전투라고 합니다.

농민군이 전주성을 점령하자 홍계훈이 이끄는 경군은 완산에 진을 치고 전주성을 포위합니다. 홍계훈은 1500여명의 군사를 건지산, 기린봉 오목대 황학대 등에 배치합니다. 길게 포위망을 형성하며 전주성을 에워싼 것입니다.

그리고 본영은 용머리고개 남쪽 산 중턱에 설치하는 등 전투준비를 마쳤습니다. 군진을 형성한 경군은 전주성을 향해 포를 쏘아댔고, 이에 맞서 농민군 수백명이 서문과 남문으로 나와 완산칠봉의 경군을 공격합니다. 완산전투의 첫싸움에서 농민군은 적지 않은 손실을 입고 패배하고 말았습니다. 이때 가한 경군의 포격으로 경기전을 비롯한 관청 일부가 파괴되고 성 밖의 민간 수천호가 불에 탔습니다.

29일에는 농민군이 북문을 열고 나와 황학대를 공격하였으나 경군의 화포공격에 100여명의 희생자를 내고 물러났습니다. 30일에는 경군이 격문을 내며 싸움을 부추겼으나 농민군이 응하지 않았습니다. 5월 1일 농민군이 남문을 열고 경군을 공격했으나 이때에도 경군의 화포공격으로 300여명의 희생자를 냈습니다. 5월 2일에도 경군은 전주성을 향해 포격을 퍼부었고 이에 농민군은 서문을 열고 나와 용머리고개의 경군을 공격했으나 또다시 화포공격을 견디지 못하고 100여명의 사상자를 낸 채 물러났습니다.

　전주성을 배경으로 한 농민군과 경군의 최대의 격전은 5월 3일에 벌어졌습니다. 농민군은 이날 아침 10시경부터 서문과 북문으로부터 돌진하여 사마교(현 다가교 자리)와 부근의 하류를 건너 유연대을 공격하였습니다.

　농민군의 대대적인 공격을 받은 유연대 부근의 경군은 남쪽으로 달아났습니다. 농민군은 이를 추적하여 다가산을 점령한 후 다시 남진하여 용머리고개를 가로질러 경군의 본영이 있는 곳까지 육박했습니다. 그러나 농민군은 여기에서 경군 본영의 대포공격을 집중적으로 받아 수백명의 전사자를 내고 성안으로 물러났으며 전봉준은 왼쪽 허벅지에 총상을 입었습니다.

　4월 28일에서 5월 3일까지 벌어진 완산전투에서 농민군은 전력상의 커다란 손실을 입었으며 이에 따라 농민군의 사기가 크게 꺾이게 되어 내부 동요의 기미마저 보이게 되었습니다. 전봉준은 동요하지 말고 끝까지 자신을 믿어줄 것을 호소하여 동요를 진정시켰습니다. 완산전투는 농민군이 패배한 전투입니다. 이 전투에서 수백명의 농민군이 목숨을 잃었습니다. 이들은 살기 좋은 세상을 만들기 위해 시천주를 외며 바로 전주 완산의 산기슭에서 쓰러져 간 것입니다.

원불교 교동교당

1965년 세워진 원불교 교동교당과 1966년 둥지를 튼 도교가 종교 활동을 벌이고 있습니다. 교동교당은 전주교당 이후, 전주에서 두 번째로 문을 연 교당이라는 교단사적 차원에서 중요한 의미를 지닌 곳입니다.

원래 이곳은 전주교당이 현 교구청 자리인 경원동으로 거취를 옮기기까지, 1943년부터 14년 간 머물렀던 곳입니다. 전주교당 이전 이후 일시적으로 전주양로원이 건물을 사용했으나, 당시 전주양로원 총무 정응문 씨가 1964년부터 교당의 업무를 대신해 출장법회를 보던 것을 계기로 선교소 인가를 받았으며, 1965년 6월 신제근 교무가 초대교무로 부임하면서 비로소 단독 교당의 면모를 갖추었습니다.

전주교화의 모태이며, 인근에 소태산 대종사가 왕래한 성적지가 있는 이곳 교동이 관광명소인 한옥마을과 더불어 창립 100년을 향해 다시 한 번 전주교화의 꽃심으로 원불교 문화의 새로운 꽃을 피우고, 미래교화를 선도하는 문화의 중심도량으로 거듭나기를 바라고 있습니다.

교동교당은 현재 150여 명의 교도와 원광어린이집, 소담원(일원정사)을 한옥체험관으로 운영하고 있습니다. 특히 우아어린이집과 평화·노송·우아·진천 등 연원교당을 신설해 지역교화의 터전 마련에 큰 역할을 담당해 오고 있습니다.

최근 관광객이 밀려오고 있는 전주 한옥마을의 중심지에 우뚝서 전주지구 교화활동의 중심 터전으로 성장하고 있으며, 앞으로 관광 한옥마을과 소통하는 문화교화의 장으로 발전할 비전을 세우고 있습니다.

　　전주문화원 김진돈 사무국장은 "한 동네에 전주 한옥마을처럼 수많은 종교시설이 들어서 있는 곳은 없고 깊은 역사를 자랑하는 종교 시설이 밀집된 곳은 거의 찾아보기 힘들 것"이라며 "역사와 사회성을 잘 반영, 전주비빔밥이 지닌 화합과 융합의 코드를 나타내는 징표가 아닐까 생각한다"고 말합니다.

　　종교시설이 밀집된 전주 한옥마을은 마치 전주비빔밥이 지닌 화합과 융합 그리고 상생정신을 보여주고 있습니다. 지금은 다양한 종교 문화유산으로서의 가치가 매우 풍부한 곳으로 널리 활용되어야 할 때입니다.

중국 사람들의 스토리로
차고 넘쳐요

일찍이 가장 인기 높은 감사는 전라감사와 평양감사였습니다. 전라감사를 하면 재물을 많이 모을 수 있고, 평양감사를 하면 빼어난 명기들과 함께 풍류를 즐길 수 있었기 때문입니다.

전라북도는 농경사회의 풍부한 생산물을 생산해낸 까닭에 가혹한 수탈과 정치적 소외에 의한 현실 도피 심리, 풍류와 멋을 즐기는 기질, 그리고 세습무와 광대집단의 형성과 같은 이유가 결합하면서 판소리를 포함, 농악, 산조, 시나위, 풍류 음악, 민요, 무악 등과 서예, 문학, 미술, 사진, 연극, 영화 등 빼어난 전통예술의 보고가 됩니다.

동쪽으로, 눈을 들면 험준한 지리산을 포함, 덕유산, 모악산, 내장산, 대둔산, 마이산, 선운산, 강천산, 장안산 등을 끼고 있습니다. 또, 전라북도는 노령산맥에서 시작해 서쪽으로 흐르는 만경강과 동진강, 진안고원에서 발원해 남쪽으로 흐르는 섬진강, 소백산맥의 남서부 줄기에 자리잡은 장수군에서 발원해 북쪽으로 흐르는 금강 등 천혜의 자연을 간직하고 있는데 따라 예술혼과 문화유적이 다른 어느 지역보다 월등히 많은 까닭입니다.

옷의 띠와 같이 좁은 물

한국과 중국은 지리, 역사적으로 오랫동안 친밀한 관계를 유지해오고 있습니다. '옷의 띠와 같이 좁은 물', 즉 '일의대수一衣帶水'라는 말처럼 실개천을 서로 사이에 둔 가까운 전북과 중국이 각별한 관계가 지속될 수 있도록 양적인 성장을 넘어 질적인 발전을 도모해야함이 마땅합니다.

특히 전북과 중국은 지리적으로 인접한 만큼 동일한 문화 근원을 공유하며, 양국 국민들의 우의관계는 예전부터 지속되어 오면서 이미 연극, 서예를 비롯 예술은 물론이거니와 각 분야에서 긴밀한 교류가 절실합니다.

현재 전주시는 중국 소주시Suzhou와 자매 결연을 통해 서로의 발전을 도모하고 있습니다. 혹시 전주 다가동 구 중국인 포목상점이 등록문화재 제174호로 지정된 사실을 아십니까. 이곳은 상인들이 비단을 팔았다고 전하는 이곳은 중국 상하이의 전통적인 비단 상점 형태를 따라 지었다고 합니다. 이곳엔 전주시가 지난 2004년 다가우체국에서 옛 다가파출소 그리고 충경로를 잇는 250m 길이의 구도심 거리를 약 12억 원의 사업비를 투입해 차이나 특화거리로 조성했습니다.

차이나타운 입구

차이나타운 거리(우측이 등록문화재 박다옥)

이 일대에 둥지를 튼 중국 관련 시설은 '전주화교소학교'와 중국식품 판매점인 '신흥상회', 중국음식점인 '국풍' 등이 영업을 하고 있습니다. 전주시가 만든 중국식 아치형 조형물과 가로등이 설치돼 있는 가운데 이에 이름에 걸맞는 문화교류와 상업시설이 속속 들어서면서 전주를 찾는 중화권 관광객들로부터 발걸음이 이어지고 있습니다.

전북지역에 체류하는 중국 유학생수가 2,000여명을 넘어섰고 한국으로 시집 온 중국 이주여성의 수도 매년 급증하면서 이곳은 특화거리 조성 사업의 대표적인 사례로 거듭날지 여전히 주목받고 있습니다.

뿐만 아닙니다. 전주엔 명나라 사신 주지번이 휘호한 '풍패지관豊沛之館'이 자리하고 있습니다. 중국 사신 주지번이 과거에 급제를 하게 만든 익산출신 표옹 송영구(1556~1620)의 은혜에 보답하기 위해 전북의 왕궁 시골까지 직접 행차를 결심합니다.

그는 한양에서 내려오던 길에 전주객사에 잠시 들러 '풍패지관'이란 현판 글씨를 썼습니다. '풍패豊沛'는 한나라를 건국한 유방이 태어난 지역을 가리키는 이름으로, 전주가 조선을 건국한 태조 이성계이며, 황제의 고향을 의미합니다.

초서체의 호방하고 힘찬 필체로, 가로 4.6m, 세로 1.7m의 크기입니다. 이 정도 크기의 글씨를 쓰기 위해서는 붓 크기도 엄청났을 것 같습니다. 객사는 왕권을 상징하는 읍성 내 건물 배치의 중심이 되는 건물로 전주의 한 중심에 조선왕조의 발원지임을 뜻하는 거대한 편액을 설치하였다는 것은 그 상징적 의미가 매우 큽니다.

"전주객사에 걸려 있는 이 현판은 필자가 국내에서 본 현판 글씨 가운데 가장 크기가 큰 글씨인 듯싶다. 북한에 있는 것으로는 평양 금수산에 있는 '을밀대乙密臺' 현판 글씨가 아주 크다고 전해지는데, 전주의 '풍패지관' 글씨보다는 약간 작다"는 고 작촌 조병희 선생의 말이 떠오릅니다.

특히 전체적인 장법과 음양의 조화가 서로 어우러진 명품 글씨입니다. 편액에 대해 오래된 읍지엔 다음과 같은 사실이 기록됐습니다. "명

풍패지관(전주객사)

나라 학사인 난우 주지번은 풍패지관이라는 넉 자를 써서 편액하다" 때문에 '세상에는 수많은 소통의 통로가 있지만 예술을 통한 소통만큼 깊고 오래 가는 것이 없다'고 하는지도 모르겠습니다.

전주시의회 김순정 의원은 "전주는 이미 세계적인 명소로 잘 가꿔놓은 한옥마을과 중국인을 끌어들일 수 있는 차이나거리, 관우사당(관성묘)과 전동성당 등 중국과 관련된 관광상품이 많이 산재되어 있어 어느 지역에 뒤지지 않는다"며, "지역여건과 환경에 맞는 다양한 관광상품도 개발할 필요가 있다"고 말합니다. 여행에서 볼거리와 먹거리 및 숙박과 체험거리가 필수 이기 때문입니다.

중국에도 전주가 있다?

몇 해 전 중국에도 전주全州가 있다고 하여 화제가 된 적이 있습니다. 전주라는 지명이 같을 뿐만 아니라, 특이하게도 한국 전주에 있는 완산, 기린봉, 금산사 등이 중국 전주에도 있습니다. 중국 전주는 한국 전주보다 훨씬 남쪽에 위치하고 있습니다.

전주역사박물관 이동희관장 등이 현지 조사를 한 결과, 중국의 전주는 937년(또는 939년) 상원湘源이라는 지명에서 개명된 것으로, 무량수불로 받들어지던 고승 전진화상全眞和尙을 기리기 위해 '전진'의 '전'자를 따온 것이었다고 합니다.

반면에 한국 전주는 757년 한자식으로 이름이 바뀌면서 완산에서 개명된 것입니다. 양쪽의 전주는 지명이 같을 뿐 역사적 상관성은 없는 셈입니다. 완산은 중국의 경우도 한국처럼 시내 중심에 자리하고 있는 것은 같지만, 연원은 중국의 경우 명나라 때(15세기 이후) 붙여진 것이며, 한국은 그 훨씬 이전의 일입니다. 따라서 상관성은 떨어진다고 할 수 있습니다. 그런데 흥미로운 것은 중국 완산의 이전 이름이 발우산鉢盂山이라는 것입니다. 한국 전주의 경우 승암산 자락에 발산鉢山이 있는 바, 둘 다 스님의 바리때를 의미합니다.

그럼에도 한국 전주와 중국 전주가 역사적 연관성이 없다고 단정 짓기에는 석연치 않은 점들이 있습니다. 무엇보다 후백제가 936년에 멸망하였는데, 공교롭게도 중국 전주가 그 직후에 등장합니다. 또 어떻게 완산, 금산사, 기린봉, 발산 같은 지명이 양쪽에 다 자리하고 있는가 하는 것입니다. 중국 전주가 후삼국시대 인적왕래가 빈번했던 남중국에 위치하고 있다는 점도 그렇습니다.

현재로서는 두 지역의 역사적 연관성이 없다고 결론지을 수밖에 없지만, 두 지역에 기록으로 전하지 않는 숨겨진 역사가 있지 않을까 하는 의구심이 드는 이유입니다. 이동희 전주역사박물관장은 "분명한 것은 한국 전주가 중국 전주라는 지명 보다 먼저 등장하였다는 사실이다. 한국의 한자식 지명들이 중국의 지명을 가져다 썼다고 하는데, 전주는 그렇지 않다는 것이다. 역사적 연관성은 없다고 하더라도, 한국 전주는 적어도 중국 전주의 지명을 가져다 쓴 것이 아니며, 이런 사실은 한국 전주사람들에게 또 한 측면의 자부심이 될 수 있을 것"이라고 말합니다.

우리나라의 성당 가운데 중국인 기술자가 공사에 참여한 것은 강원 횡성 풍수원성당 구 사제관(등록문화재 제163호)과 전주 전동성당(사적 제288호)이 대표로 꼽힙니다. 풍수원성당은 1896년 제2대 주임으로 부임한 정규하(아우구스티노) 신부는 중국인 기술자들과 함께 현재의 성당을 1905년에 착공해 1907년에 준공했고 2년 뒤인 1909년에 낙성식을 가졌다고 합니다.

전동성당은 천주교 신자들을 사형했던 풍남문 밖에 지어진 성당으로, 프랑스 신부인 위돌박이 설계, 감독을 하였으며, 중국인 기술자 약 100명이 참여해 1914년 완성됐으며, 회색과 붉은색 벽돌을 이용해 지은 건물은 겉모습이 서울의 명동성당과 비슷하며, 비잔틴 양식과 로마네스크 양식을 혼합한 건물로, 국내에서 가장 아름다운 건축물로 꼽힙니다.

중국인에게 청부請負를 준바, 시공은 중국인 강姜방지거가 맡았다고 합니다. 중국의 여러 도시에 붉은 벽돌로 높은 건물을 세워본 경험이

전동성당

있는 중국인 기술자들이 동원되었고, 벽돌만큼은 그 인근에서 구워 조달했습니다.

이를 위해 인근에 가마를 설치하고 1913년 현재 벽돌 약 65만 개를 찍어 냈음을 기록으로 확인할 수 있습니다. 그리고 석재는 익산 황등에서 말 네필이 끄는 수레(당시에는 구루마로 명명함)로 운반해다가 다듬고, 목재는 미리 매입해 놓은 치명자산(전주의 승암산으로 현재 치명자산 성지가 자리함)에서 벌목해 사용했습니다.

건축에 사용된 일부 벽돌은 당시 일본 통감부가 전주 읍성을 헐면서 나온 흙을 벽돌로 구웠으며 전주읍성의 풍남문 인근 성벽에서 나온 돌로 성당의 주춧돌을 삼았습니다. 당시 신자들은 물질적인 봉헌으로만이 아니라 내 집, 내 성전을 짓는다는 애정으로 혼신의 땀을 흘렸으며, 진안, 장수, 심지어 전남 장성 사거리의 지역 공소의 교우들까지 공사에 참여했습니다.

이삼만의 붓글씨, 중국에 알려지다

19세기 추사 김정희(1786~1856), 눌인 조광진(1772~1840)과 함께 '삼필三筆'의 한 사람이 전북출신 창암蒼巖 이삼만李三晩(1770~1847)입니다.

그가 전주에 우거할 때 한여름의 한더위를 피하려고 한벽당에 올라왔습니다. 이때 한 부채장수 아저씨가 부채 보따리를 부려놓고 다락의 한켠에 눕자 마자 이내 코를 골았습니다. 그는 불현듯 필흥筆興이 일어 집에 가서 필묵을 가져와 모든 부채에 해서楷書, 행서行書, 초서草書로 부채에 합당한 문자나 시구를 써 넣었습니다.

한참 후 부채 장수가 깨어보니 합죽선이란 합죽선은 모두 먹칠이 되어있었습니다. 화가 난 부채 장수는 큰소리를 쳤습니다. 그러나 이삼만은 시비를 논하지 않고, "만약에 이 부채가 팔리지 않으면 저기 보이는 저 집이 내 집이니, 그리로 가지고 오시오"라는 말만 남기고 사라졌습니다.

그 후 합죽선은 몇 달이 지나도 사가는 사람이 없었습니다. 그러던 중 하루는 한 중국인이 길을 가다가 길가에 펼쳐놓은 합죽선의 글씨를 발견하고, 그 글씨가 바로 창암의 글씨임을 확인한 후에 보통 합죽선의 2, 3배 값을 지불하고 모조리 사갔습니다. 그 중국인은 그 부채를 중국에 가지고 가서 창암의 글씨를 크게 알렸습니다. 그리하여 중국은 물론 국내에도 창암의 글씨가 널리 알려져 글씨를 배우겠다는 많은 사람들이 수 없이 몰려들었다고 합니다.

한편 중국출신의 장군과 얽힌 이야기도 있습니다. 태조 이성계가 그 주인공으로 중국출신의 이두란(이지란)과 형제 인연을 맺고 황산대첩의 주역됩니다.

13세기 고종대 이래 연안에 출몰하여 노략질을 일삼던 왜구의 침공이, 14세기 후반 충정왕대 이후 극심해졌으며, 우왕대에 이르러 그 절정에 달했습니다. 왜구들은 1376년 충청도 홍산에서 최영에게 크게 패한 뒤 한동안 잠잠했으나, 1380년 8월 500척의 대선단으로 진포鎭浦에 침입하였습니다. 왜구는 배를 정박시켜 놓고 육지로 올라와, 충청·전라·경상 3도의 연안지역에서 갖은 약탈을 일삼습니다.

이에 조정에서는 이성계를 충청·전라·경상 3도 도순찰사에 임명하

여 왜구 대토벌전에 나섰습니다. 이성계는 운봉에 있는 황산 서북의 정
산봉鼎山峰에서 치열한 싸움을 전개하여 대승을 거두었습니다. 이 때 왜
구의 수가 10배나 많았으나 겨우 70명만이 살아남아 지리산으로 도망
갔으며, 왜구의 전사한 피로 강이 물들어 6, 7일간이나 물을 먹을 수 없
었다고 합니다.

노획한 말만도 1,600여필이었다고 합니다. 당시 왜구의 소년장수 아
지발도가 날쌔고 용맹했는데, 이성계가 활을 쏘아 그 투구끈을 맞혀 투구
가 떨어진 사이 이두란이 화살을 날려 이마를 맞혀 사살했다고 합니다.

아지발도는 얼굴과 몸을 모두 두꺼운 갑옷으로 싸고 있어 화살을 쏘
아 맞힐 틈이 한 군데도 없었는데 이성계가 아지발도의 투구를 쏘아 땅
으로 떨어뜨리고 이지란이 때를 놓치지 않고 화살로 쏘아 죽여 전쟁을
끝냈습니다.

장수만 쓰러지면 이기던 시대의 전쟁이었습니다. 역사는 이 싸움을
'황산대첩'이라 기록하고 있습니다. 이 싸움에서 이지란은 이성계와 함
께 큰 전공을 올려 조정에 이름을 널리 알렸습니다. 이두란은 여진족
사람으로 1371년 고려에 귀화했습니다. 고려에서 이씨 성과 본관을 하
사받아 청해 이씨靑海 李氏의 시조가 된 그는 청해靑海에 살던 무렵 이성
계와 형제의 연을 맺습니다. 본명은 쿠룬투란티무르, 중국식으론 퉁두
란으로 불리던 인물로 훗날 이지란李之蘭으로 개명한 인물입니다.

그래서 남원에 황산대첩비지南原 荒山大捷碑址가 1963년 1월 21일 사
적 제104호로 지정됐습니다. 황산대첩은 역사적으로도 매우 유명한 싸
움으로, 당시의 승리 사실을 영원히 전하기 위하여 1577년(조선 선조 10
년)에 대첩비를 세우게 됐습니다. 왜구 토벌의 일대 전기를 마련한 황산

대첩을 거둔 이성계는 귀경길에 선조들이 살았던 전주에 들려 오목대에서 일가 친지를 불러모아놓고 잔치를 베풀었습니다. 오목대는 전주 이씨인 이성계가 새로운 왕조의 발상과 발원지로서의 전주를 자리매김하는 유적지로서 그 상징성이 매우 큽니다.

그리고 관성묘關聖廟(전북 문화재자료 제5호)는 삼국지에 나오는 관운장의 영정을 모시고 제사를 지내는 사당으로 주왕묘周王廟 혹은 관제묘關帝廟라고도 부릅니다. 전주 역시 임진왜란 당시 명明나라 장군이었던 진인이 부상을 입고 지금의 서울에 있는 남묘에서 치료를 받을 때, 관우의 신령이 나타나 군사들을 지켜준다고 믿어 이곳에 묘를 세우고 상을 모셨습니다. 이것이 관우 신앙의 원조가 되었고 그 후 무신으로서 그를 모시는 신당이 널리 전파되게 됐습니다.

1895년(고종 32년) 당시 전라도 관찰사였던 김성근과 이신문이 발기하여 세운 것입니다. 건물은 장엄하고 짜임새가 있으며 내부의 양쪽 벽면에는 조선 후기 화가인 소정산이 그린 〈삼국지연의〉 그림이 있고, 기둥에는 유려한 필체로 쓴 법훈이 걸려 있으며, '관성묘'란 편액은 벽하 조주승이 썼습니다.

한편 전북 진안군 주천면 무릉리의 무릉원엔 수령이 580년쯤 되는 대추나무가 있는바 대추가 3가마나 열린다고 합니다. 그런데 이 나무를 주자의 손자 주잠이 심었다는 말이 전하고 있습니다.

'무릉武陵'이라는 명칭은 이 마을 주위의 산천이 중국의 무이구곡武夷九曲과 같이 생겼다고 해서 붙여진 이름입니다. 중국 도연명의 '무릉도원武陵桃源'과 맥이 같습니다. 이 명칭도 사실은 일제강점기에 붙여진 이름인데, 본 명칭은 어자리였다고 합니다. 진안의 지명를 흥미를 더하고 있습니다.

안천 정천 주천이 용담을 이루면 마령은 용이 되어 상전으로 백운 타고 오르리라. 성인 출현 성수라 부귀영화 아닐손가. 진짜 평안한 금 골 진안일세 구리골이 아니로소이다.

본래 안천은 안자천이고, 정천은 정자천 주천은 주자천입니다.

안천 정천 주천이 합수하여 용담이 된다는 것은 유교 현인들인 안자顔子, 安廻, 주자朱子, 朱熹, 정자程子, 程伊川를 거쳐 성인이 출현한다는 것이며, 부귀를 겸한 '진짜鎭 평안安한 세상을 이룬다'는, 진안의 지명풀이는 신비 바로 그 자체입니다.

서예가 이용엽(전라금석문연구회 고문)씨는 "무릉리엔 주잠을 기리는 뜻에서 주자내朱子川 또는 주양리朱陽里로 부르게 되니 인근에서는 주자가 있으면 안자와 정자가 있다 하여 안자천, 정자천이 생기기 되었다"며 "주자천, 정자천이 합류하는 지점에 안회, 정호, 정산, 주희, 제갈량을 배향하는 삼천서원(사액서원)을 세웠다고 생각한다"고 말합니다.

이어 "이같은 연유로 1300년경 주잠이 고려에 망명해 이곳에 와서 대추나무를 심었다면 아마도 500~600년경으로 추정되다"며 "때문에 수령과 연대가 맞지 않은 만큼 가장 오래된 나무 옆에 세 나무가 계속 대를 이어 자라고 있는 것으로 보인다"며 "이를 통해 죽은 보호수 이전에도 대추나무가 있었을 것으로 추정할 수 있다"고 말했습니다. 그러나 최근에 이 나무가 죽었습니다.

태조 이성계,
화살로 버들잎을 꿰뚫다

　서울 살곶이다리(보물 제1738호)는 왜 '화살이 꽂힌 다리箭串橋'라고 불리는 것일까요?

　이는 조선시대의 수도인 한양과 동남지방을 연결하는 주요 통로로 사용되던 다리로, 정종과 태종의 잦은 행차 때문에 1420년 5월에 처음 만들어지기 시작했으나 태종이 죽자 왕의 행차가 거의 없어 완성되지 못했습니다.

　그 후 이 길을 자주 이용하는 백성들 때문에 다시 만들 필요성이 제기돼 1475년 다시 공사를 시작, 1483년에 완성했습니다. 모두 64개의 돌기둥을 사용하여 만들었습니다. 흐르는 물의 저항을 줄이기 위해 마름모형으로 고안된 가운데 마치 평평한 평지를 걷는 것과 같다고 해서 '제반교濟盤橋'라고도 부르고 있습니다.

　길이 95m, 넓이가 6m나 되는 조선시대에 만들어진 다리로는 가장 긴 다리로, 이를 건설하면서 사람들이 상당수 공사 중에 다치거나 죽는 사고도 발생했습니다. 이 육중한 다리를 건설하면서 얼마나 많은 백성이 고난의 피눈물을 흘렸을까요? 사실 세계적인 문화유산이라고 자랑하는 수많은 유적들은 당시 힘없는 백성들의 땀과 눈물, 죽음으로 이루어 놓은 역사의 흔적이 아니겠는지요.

"전하! 과연 신궁이십니다."

정도전이 머리를 조아립니다. 이성계가 쏜 화살은 정확히 꿩을 꿰뚫었습니다. 화살을 맞은 꿩은 개천 건너 들판으로 떨어졌습니다. 날아오르는 꿩을 쏘아 맞히다니, 역시 신궁이라는 별호가 무색하지 않은 귀신 같은 솜씨였습니다.

때는 조선 개국 초, 휘청거리던 고려를 무너뜨리고 역성혁명으로 조선을 건국한 태조 이성계는 새로운 도읍지를 찾아 이곳저곳을 물색하다가 한양을 새 도읍지로 정했습니다. 북악을 배경으로 하고 그 뒤로 삼각산과 도봉산이 병풍처럼 둘러쳐진 땅, 앞쪽으로는 크고 넓고 깊은 한강이 흐르고 있는 길지 중의 길지였습니다.

"이곳에서부터 서북쪽으로 십리 경계가 새 도읍지로 가장 적합한 곳이옵니다." 새 도읍지 물색 여행에 동행했던 무학대사가 한 곳에 멈춰 서서 이렇게 말했습니다. 바로 왕십리였습니다. 왕십리라는 지명의 유래입니다.

이성계는 전쟁터에서 용명을 떨치던 무사였습니다. 전쟁이 없으니 말을 달리고 활을 쏠 기회가 별로 없었습니다. 온몸이 굼실굼실했습니다. 몸이 너무 편했기 때문입니다. 그 무료함을 달래고 활 솜씨가 무디어지지 않게 단련할 수 있는 것이 사냥이었습니다.

그는 한양 이궁에 들를 때마다 꿩 사냥을 하곤 했는데, 그곳이 바로 왕십리와 지척의 거리에 있는 응봉(지금의 응봉공원)이었습니다. 강변의 나지막한 바위봉우리, 주변에는 온통 숲이 우거져 있고 바로 앞에는 한강으로 흘러드는 개천이 있어서 경치도 매우 좋을 뿐만 아니라 유난히 꿩들이 많았습니다.

어느 날도 꿩 사냥을 나왔다가 화살을 날린 바, 화살에 꿰뚫린 꿩이 떨어진 곳은 개천 건너편 땅이었습니다. 그래서 꿩이 화살에 꿰뚫려 떨어진 지역을 살곶이 벌이라고 부르게 됩니다. 오늘날의 뚝섬 지역으로, 한강이 흘러 감돌고 중랑천 청계천이 합류하여 흘러드는 땅, 삼각주 형태의 비옥한 땅이었습니다.

태조어진

그런데 도성의 동남부 지역으로 행차하려면 제법 깊고 큰 개울을 건너야 하는 것이 여간 번거로운 것이 아니었습니다. 눈치를 알아차린 세종은 상왕의 행차에 불편이 없도록 다리를 건설해 보라고 지시했습니다. 중랑천과 청계천이 합류하여 흐르는 바로 아래 지점이었습니다. 그러나 공사는 쉽지 않았습니다. 물도 깊고 개천이 넓었으며, 더구나 상왕이 건너다닐 다리인 만큼 세종은 튼튼하고 편안한 돌다리를 놓으라고 지시했었습니다. 하지만 다시 공사가 시작된 것은 성종 임금 때로, 서울 도성에서 동대문이나 광희문을 나와 광나루로 빠져 강원도로 가는 길목이요, 또 송파나루로 한강을 건너 충주로 가는 요충지였다고 합니다.

　　조선이 건국한 지 얼마 안되어 태조 이성계의 왕위를 누가 받느냐로 왕자의 난이 있었습니다. 이때 후에 태종이 되는 이방원이 자신의 형제들을 죽이는 과정에서 태조의 미움을 사게 됩니다. '함흥차사'라는 고사성어를 통해 이들 관계가 얼마나 안 좋았는지를 알 수 있습니다.

　　이 살곶이다리에 관련된 일화도 함흥차사와 비슷한 일화가 있습니다. 어찌보면 보면 함흥차사에 이어지는 후속편 같은 이야기입니다.

　　태조 이성계가 함흥에서 한양으로 돌아올 때의 일입니다. 태종 이방원이 직접 나가 자신의 아버지를 맞이하려 했었습니다. 그러나 신하들이 이를 극구 말리면서 태조의 화가 풀리지 않았다는 점을 상기시키며, 맞이하는 곳에 큰 장막을 세우고 굵고 높은 기둥을 많이 세우라고 조언했었습니다. 왜냐하면 이성계는 활을 굉장히 잘 쏘았기 때문에 화가 나면 활을 쏘았기 때문입니다. 그래서 이방원이 목숨을 구하기 위해서는 그 화살을 피할 곳이 필요했기 때문입니다.

그리고 이성계가 이방원을 맞이할 때 실제로 이방원에게 화살을 쏘았습니다. 이방원은 미리 세워둔 기둥에 몸을 피해 화를 면했다고 합니다. 이때 화살이 기둥에 꽂혔었습니다. 그래서 이 다리의 이름을 화살이 꽂혀 즉, '살곶이다리'라고 부르지만 이는 야사野史에서 전해져 내려오는 이야기입니다. 하지만 태종실록에 따르면 이날은 1402년(태종 2년) 12월 8일이었고, 장소는 한양의 살곶이다리가 아닌 황해도 금천의 금교역金郊驛이라고 전합니다.

만경대와 정몽주 시

함양에서 팔령고개를 넘어서면 전북 남원시 인월면을 만날 수 있습니다. 이곳엔 이성계와 퉁두란(이지란)이 경남지역을 쑥대밭으로 만든 왜장 아지발토를 죽인 황산대첩지가 자리하고 있습니다. 운봉가는 국도변 하천의 빨간 바위를 이름하여 피바위로 부르는데 사연이 있습니다.

대단히 용맹스럽고 잔학무도한 아지발토를 죽일 기회는 왔는데 안타깝게도 서산으로 달은 지고 있었습니다. 두 사람은 천지신명께 고하고 지는 달을 끌어 내려서 이지란의 첫 화살은 아지발토 투구에, 투구가 벗어지면서 벌린 입에 이성계의 두번째 화살이 명중해 피바위에 피를 토하고 최후를 마쳤다고 해서 피바위로 부릅니다.

황산에서 승리를 거둔 이성계는 도주하는 패잔병을 뒤쫓아가며 섬멸하였는데, 날이 저물어 더 이상 싸울 수 없게 되자 '달을 당겨놓고 밤 늦게'까지 왜적이 한 명도 나지 않을 때까지 싸웠다고 합니다. 그래서

경기전 정전

경기전 조경묘 대제

인월이라는 지명이 생겼습니다. 또한 이성계를 바람을 끌고 다니며 싸웠다고 하여 인풍이라는 지명을 탄생시킵니다.

또, 임실군 성수면 오봉리의 아침재朝峙는 이성계가 지리산에서 성수산 도선암(현 상이암)에 들어갈 때 아침에 넘었다고 해서 지어진 이름입니다. 임실군 성수면 왕방리枉訪里는 이성계가 지리산을 거쳐 도선암으로 갈 때 이곳에서 안개를 만나 헤매이면서 머물렀다 하여 생긴 이름이며, 성수면 수철리水鐵里는 이성계가 지리산을 거쳐서 도선암으로 갈 때 이곳에 와보니 수천리數千里를 걸어 왔다 하여 부른 이름입니다.

전주 남고산에는 천경대 만경대 억경대 등 세 개의 봉우리가 있습니다. 만경대는 산성의 서문을 향하여 우편으로 높게 솟아 있는 바위 위 봉우리로 전주 시가지가 한눈에 내려다보이는 곳으로, 남쪽 바위 벼랑에는 포은 정몽주가 지었다고 하는 시가 새겨져 있습니다.

구월 소슬바람에 나그네 시름 깊으니九月高風愁客者
백년 호탕한 기운을 서생이 그르쳤네百年豪氣誤書生
하늘가 해는 기울고 뜬구름 모이는데天涯日沒浮雲合
고개를 반듯이 들어 송도만 바라본다矯首無由望玉京

포은 정몽주가 1380년(고려 우왕 6년) 이성계의 종사관으로 운봉에서 황산대첩을 거두고 돌아가는 길에 이곳이 올라 고려를 걱정하며 지은 우국시라고 합니다.

큰 바람 일어나니 구름이 절로 흩어지더구나 大風氣分雲飛揚

위세를 천하에 떨치고 고향으로 돌아가느니 威加海內兮歸故鄉

어찌하면 날랜 장사를 얻어 사방을 지키게 할꼬 安得猛士兮守四方

　이성계가 전주의 오목대 잔치에서 한고조 유방이 불렀던 〈대풍가大風歌〉를 읊조린 바, 마치 쓰러져가는 고려왕조를 비웃는 듯, 또 자기의 웅대한 포부를 말하는 듯 하였다고 합니다. 이를 듣고 있던 포은 정몽주가 자리를 박차고 일어나 홀로 말을 달려 남천을 건너 고덕산성 만경대에 올라 멀리 북쪽하늘을 쳐다보면서 고려 왕조를 걱정하는 우국의 시를 지었다고 합니다. 만경대의 봉우리 위에는 고고한 자태를 자랑하는 만인송이라는 낙낙장송 한그루가 서 있었지만 언젠가 베어지고 그 그루터기만 남아 있습니다.

오목대

천양정, 다가사후로 완산8경의 하나

전주의 천양정穿楊亭(전북 문화재자료 제6호)은 조선시대에 한량들이 활쏘기 연습을 위해 활터에 세운 정자를 말합니다.

활쏘기 등 육례六禮를 이곳에서 체험하는 프로그램을 운영해보면 어떨런지요. 유교에서 말하는 육례는 생활에 필요한 기본 6가지로, 어린이, 어리석은 이가 처음 공부하는 소학에서 배우는데, 공동체의 구성원이 되기 위한 기본 사항이랍니다.

예악禮樂: 예의범절, 소리의 높고 낮음의 조화를 아는 것.

사어射御: 활 쏘고 말 모는 법 알기, 기초체력과 정신력.

서수書數: 읽고 쓰고 생각하는 것 배우기.

천양정은 1712년에 다가천 서쪽 냇가에 있었지만 얼마 후 홍수로 떠내려 가버렸습니다. 그 뒤 1722년에 다가산 밑에 다가정多佳亭이란 정자를 짓고 활터로 사용했습니다. 1830년, 이곳에 또 다른 정자를 세우고 옛 이름을 따서 천양정이라 했습니다.

이후 북향인 다가정은 젊은 한량들 전용으로, 아늑한 골짜기에 남향으로 자리잡은 천양정은 주로 노인층이 사용하게 됩니다. 다가정, 천양정의 활쏘기 모임은 군자정의 모임과 함께, 일제식민지 때 강압에 의해 하나로 통폐합됩니다.

완산8경의 하나인 '다가사후多佳射帿'는 '다가 천변 물이랑을 끼고 백설같이 날리는 이팝나무 꽃 속에 과녁을 겨누는 한량들의 풍경'을 일컫는 말이고, '천양穿楊'이란 뜻은 버들잎을 화살로 꿰뚫는다는 뜻으로, 신묘한 활 솜씨로 이름 높았던 태조 이성계의 고사에서 유래한 말입니다.

하지만 '천양穿楊'이 양유기養由基가 백보 밖의 버들잎을 연이어 꿰었다는 고사에서 활을 잘 쏘는 것을 가리키는 말로 굳었습니다. 양유기는 중국에서 손꼽히는 활의 명수로 춘추시대 초나라 사람이었습니다. 『사기史記』에는 양유기에 관한 이야기가 다음과 같이 전합니다.

> 초나라 장왕莊王 때 수상 투월초가 반란을 일으켰다. 투월초의 활솜씨는 누구나 무서워하는 것이었는데, 왕이 이끄는 군대의 하급 장교였던 양유기養由基가 나서서 투월초와 활쏘기로 대결해서 그를 죽였다. 그로 인해 반란군은 쉽게 무너졌다. 장공은 양유기가 재주만 믿고 날뛴다고 주의를 주고 활을 함부로 쏘지 못하게 했으나 결국 후에 그는 화살에 맞아 죽었다. 양유기는 버드나무 잎을 백 걸음 떨어진 곳에서 활을 쏘면 백 번 쏘아서 백 번 다 맞혔다고 한다.

그러나 안내판에는 천양이라고 하는 이름이 왜적 아지발도의 투구를 맞춰 떨어뜨릴 만큼 신묘한 활 솜씨로 이름이 높았던 태조 이성계의 고사에서 전한다고 적혀 있습니다. 하지만 천양이라는 이름이 어디에서 유래했든지 이미 그 이름만으로도 천양정에 모인 궁사들의 경지를 짐작할 수 있습니다.

사대 앞에 세워져 있는 활을 쏠 때는 말을 삼가라는 뜻의 '습사무언習射無言', 몸과 마을을 항상 바르게 하라는 뜻의 '정심정기正心正己' 비석이 모습을 드러냅니다. 또, 천양정의 주련(기둥이나 벽에 써서 붙이는 글)이

15여 개가 있으니, 다음과 같습니다.

반드시 군자의 싸움(다툼)이라

사양의 예를 익힌다

이제 사람들은 버들잎을 뚫는다

경치는 예전대로 아름다움이 많다

지극한 정성으로 스스로 돌을 뚫었노라

시위를 떠난 화살은 반드시 기러기를 떨어트린다

무식한 사람을 위해 그들과 어울리는 인정을 베풀어라

항상 웃음이 있어야 그 덕이 있느니라

그 기교가 능하니 빛나는 구슬을 부치도다

스스로 깨달음이 있어야 마음이 모아진다

이 모두 다 동량의 소중한 기구로다

주인이 겸손하니 손님의 객기가 쓸데없도다

기특한 재주로 손에 따라 새겨진다

그 누가 쇠와 돌의 깊은 속을 알겠느냐

자신을 나타내려고 뽐내지 말라

때마침 몇몇의 궁사들이 시위를 당기고 있습니다. 사대에 나란히 선 궁사들은 힘껏 활시위를 당겨 하나의 정점을 겨냥하고 있습니다. 그러나 자세히 보면 그 정점은 과녁이 아니었습니다. 과녁 너머 허공의 한 지점에 궁사들의 날카로운 시선이 걸려 있습니다.

이윽고, 팽팽한 긴장과 무호흡의 호흡으로 정지한 찰라 비로소 탁,

천양정의 전국궁도대회

하는 소리와 함께 화살이 하늘로 비상합니다. 순서를 두어 차례로 시위를 놓은 궁사들은, 그러나 주련의 글귀처럼 서로 경쟁하지 않았습니다.

궁사들이 이겨내야 하는 경쟁자는 옆 사대에 선 궁사가 아닌, 자신의 마음속에서 소용돌이치는 무분별한 욕망이었습니다. 그 욕망을 평정의 심정으로 가라앉혀야 비로소 시위를 떠난 화살이 허공에 획을 그으면서 세상을 관통할 수 있기 때문입니다.

한옥마을을 찾을 때면 시위를 떠난 화살이 과녁을 맞힐 때까지를 한 번 생각해 보기를 바랍니다. 지금, 내가 쏜 삶 속의 화살은 다시 밝아오는 아침의 시위에 올려져 목숨 가는 곳까지 눈 부릅뜨고 마지막 불꽃을 사뤄야 합니다.

시위를 떠난 화살은 방향을 바꿀 수 없으니 공을 들이는 길밖에 없지 않나요. 시위를 떠난 화살이 일으킬 결과까지 확실히 떠올려야 함이 마땅합니다. 하지만 당신 어깨와 손의 힘을 빼야 명중할 수 있다는 사실을 반드시 기억하기를 바랍니다.

금표와 넛지,
긍정과 부정의 그물코

　저기, 알싸한 풍경이 있습니다. 울창한 숲이 있고, 맑은 물이 있고, 고색창연한 건물이 있고, 연꽃으로 수놓인 화려한 연못이 있습니다. 때론 안개가 아스라하고, 때론 사람들의 소리로 왁자지껄합니다. 여기, 오른쪽 발이 벌써 한옥마을을 향해 나갑니다. 든든한 남천교와 싸전다리橋가 저마다 다른 다리脚를 받치며 풍경 속으로 데려다 줍니다.

　우리는 멋진 경치에 매료돼 걷지만 자신이 밟고 지나는 다리를 좀처럼 내려다보지 않습니다. 온몸을 던졌던 풍경에 무젖다가 돌아 나올 즈음에야 비로소 건너야 할 다리가 눈에 들어옵니다. 다리는 다시 묵묵히 우리를 삶의 이편으로 싸목싸목, 싸부작싸부작 데려다 주며 구구절절 사연 없는 곳이 없다고 항변하는 눈치입니다.

조선 왕조의 뿌리 자만동 금표

조선조 연산군에게 경복궁의 후원 경회루는 속된 말로 놀기에 너무나 좋은 장소였습니다. 그래서인지 조선왕조실록 연산군 편을 보면 유독 경회루가 많이 등장합니다. 경회루는 왕이 힘든 업무에 잠시 휴식을 취하는 공간인데 왕의 광기를 발산하는 놀이터가 되어버린 것입니다. 하루는 연산군이 경회루 2층 누각에 오르는데 궁궐 저 너머에 일부 민가와 관청이 보였습니다.

그는 즉각 어명을 내리면서 "지금 궐 밖의 지대가 높은 지역을 조사해, 혹 그곳에서 이곳 궁궐 안이 보이는 건물이 있다면 모두 쫓아내라! 그리고 그 지역에 금표를 치고 어느 누구도 들이지 말라"고 했습니다.

예로부터 출입금지를 알리는 금표는 푯말로 세워 채석, 벌목, 개간 등을 금지시켰지요. 현재 우리나라에는 강원도 기념물 제30호 학곡리황장금표鶴谷里黃腸禁標와 경기도 문화재자료 제88호 연산군시대금표비燕山君時代禁標碑 등 2점이 문화재로 지정될 정도로 금표가 흔치 않습니다. 학곡리황장금표는 치악산 내의 구룡사로 들어가는 입구 왼쪽에 놓여 있는 것으로, 황장목黃腸木의 보호를 위해 일반인의 벌목을 금지하는 경계의 표시입니다.

연산군시대금표비는 연산군이 유흥을 즐기는 곳에 일반인들이 드나드는 것을 금지하기 위해 세워 놓은 비로, 네모난 받침돌 위에 비몸을 세웠는데, 윗부분의 일부가 떨어져 나갔습니다. 비문에는 이 금표 안으로 들어오는 사람은 왕명을 어긴 것으로 보아 처벌을 할 것이라는 내용이 적혀 있습니다.

실제로 강화도 금표엔 "가축을 방목해 기르는 사람은 곤장이 100대요, 쓰레기와 재를 함부로 버리는 사람은 곤장이 80대"라는 섬뜩한 글귀가 새겨져 있었다고 합니다.

벽화로 유명세를 타고 있는 전주 자만마을엔 자만동滋滿洞금표가 한옥마을을 지키는 장승처럼 떡하니 버티고 있습니다. 그런데 한 가지 아이러니가 있습니다. 부정의 의미의 금표와 긍정의 의미의 벽화가 한 자리에 자리하고 있기 때문입니다.

원래 전주 한옥마을 외곽에 자리한 자만마을은 아무도 주목하지 않는 평범한 달동네였습니다. 하지만 전주시가 한옥마을을 관광지로 육

자만마을과 기린로

벽화로 유명한 자만마을

성하면서 이곳에 벽화마을을 조성했습니다. 덕분에 요즘 이곳은 전주
를 찾는 이들에게 빼놓을 수 없는 방문지가 됐습니다. 화려한 채색의
벽화는 칙칙한 동네 분위기를 완전히 바꿔놓았습니다.

　주민은 산뜻한 분위기로 살맛이 나게 됐고 방문객은 벽화를 감상하
는 즐거움에 흠뻑 빠져듭니다. 누구나 떠나고 싶어하던 이곳이 누구나
살고 싶어하는 동화마을이 됐습니다. 사람과 사회를 바꾸는 예술의 힘
이 참으로 놀랍기만 합니다.

　뿐만 아니라 마을 중앙의 골목길을 따라 올라가면 여태명 작가가 운
영하는 한글미술관을 만날 수 있습니다. 그는 민체民體 혹은 개똥이체
라는 이름으로 서민 체취가 물씬 풍기는 독특한 한글 서체를 개발하기

도 한 그는 창암 이삼만의 고
단한 글씨 인생이 배인 자만
동을 오래 전부터 주목해왔다
고 말합니다.

자만동 금표

　자만동금표는 태조의 5대
조 목조 이안사가 태어나고
자랐던 승암산 자락의 출입을
금지하기 위해 조선 고종 때
만든 표지석입니다. 이는 태
조 이성계의 5대조인 목조 이
안사가 태어나고 자랐던 장소

임을 지칭, 이곳에 대한 출입을 금지하고 있는데 다름 아닙니다. 비석
의 전면에는 자만동금표滋滿洞禁標라는 5자의 해서 글자가 있으며, 규격
은 높이 62cm, 폭 31cm, 두께 12cm로 석질은 쑥색의 화강암입니다.

　자만마을 주민 강재철 씨의 말을 들어보면, 30년 전에는 이 금표가
현재의 위치에서 동쪽으로 12m 지점에 있었으며, 현재 위치에 자리를
잡은 것은 15년쯤 전이라고 합니다. 또 다른 마을주민 역시 비석을 없
애지 말고 잘 보관하라는 말을 아버지로부터 들은 적이 있다고 전했습
니다. 이 금표는 서자와 간지 기록이 없어 연대추정이 불가능하지만,
조선말기인 1900년경에 오목대비와 이목대비, 그리고 조경단비가 제
작될 때 같이 세운 것으로 예상되고 있습니다.

　김진돈 전라금석문연구회장은 "자만동금표는 오목대와 이목대, 그
리고 목조대왕구거지와 직접적인 관련이 있는 것으로 보인다"며 "당시

에 새로운 표석을 세워 이 지역의 벌목, 개장, 채석 등을 금하는 경계석으로 삼았다고 보는 게 타당하다"고 강조합니다. 이어 "자만동 금표는 작은 빗돌로 보일지 모르겠지만 오늘날의 중요 시책 사업의 하나였고, 조선왕조 뿌리의 자긍심을 표현한 것으로 볼 수 있다"며 "앞으로 자만동 금표는 발산과 더불어 한옥마을 연구에 중요한 금석이 될 것"이라고 말합니다.

자만동은 당시 살던 장소를 지칭하는 이름이며, 이는 조선왕조 후기 때 만들어진 것으로 추정되며 시는 국가지정문화재와 도지정문화재, 향토문화유산 등 문화재 등록을 추진하고 있습니다. 이에 전주시는 민가 앞에 설치된 자만동 금표를 전주역사박물관으로 이전하고 대체 제작한 표시석을 적정 장소에 설치하는 방안을 강구하고 있습니다.

자만동 금표는 조선왕조 발상지인 전주의 의미 및 위상을 강화시키는 계기가 될 것으로 기대를 모으고 있는 만큼 이를 관광 콘텐츠 자원으로 개발, 벽화와 함께 색다른 느낌으로 다가서기를 바랍니다.

하지만 자만동 금표는 안타깝게도 한옥마을 지도에 표시조차 되어 있지 않았습니다. 좁은 골목에 끼어 있는 작은 비석이 초라하게 느껴질 정도로 방치되어 있는 것이나 진배없습니다. 주의 깊게 보지 않는다면, 금표를 충분히 스쳐 지나갈 수 있을 정도로 무성의 하게 놓인 모습을 보니 안타깝기 그지없습니다.

'이목대, 오목대, 자만동 금표'는 단순히 거리가 가까워서 가볍게 갈 수 있는 곳이라고는 단정할 수는 없습니다. 이목대는 어렸을 때 무너질 굴에서 미리 선택받아 살아남은 이안사가 살았던 곳이며, 이안사의 후손인 이성계는 향후 늠름한 기상을 갖고 있은 까닭에 침략해오는 왜구를 무찔러 새로운 왕조를 세울 포부를 드러낸 곳이 바로 오목대입니다.

일제의 침략으로 황폐화된 조선의 정신을 가다듬고자, 고종은 '태조 고황제주필유지비 목조대왕구거유지비'와 '자만동 금표'를 세웠습니다. 자만동 금표를 통해, 조선왕조의 발상지가 바로 이곳 자만동이라는 것을 강조합니다. 전주시 교동은 이목대, 오목대, 자만동 금표를 통하여 '조선왕조의 발상지'라는 점을 강조해 이 3가지의 아이템을 하나의 관광 코스로 묶어 한옥마을과 연계되는 관광명소로 개발하면 얼마나 좋을까요.

한옥마을 관광 지도에 없는 '자만동 금표'를 표시하는 것이 제일 시급해보입니다. 그리고 한옥마을에서 제일 가까운 오목교 육교에 '오목대-이목대-자만동 금표'로 연계되는 알림판을 세워 관광객의 번거로움을 줄여야 합니다. 이 세 곳의 역사적인 의의를 심층적으로 연구해 명소로서의 타당성을 밝히는 한편 전문적인 '관광해설가'를 발굴하는 것이 어떨까요?

영기 어린 완산 금표

전주는 호남의 행정 중심지로, 산세로 보면 완산, 물의 흐름으로 보면 전주라 칭하곤 합니다. 옛 조상들은 전주부성의 남쪽을 감싸고 있는 완산칠봉을 아울러 '전주'라고 부르기도 했습니다. 특히 조선왕조의 발상지이기도 한 전주는 곳곳에 그 흔적이 남아 있는 바, 전주의 명산 완산칠봉을 비롯, 태조 이성계가 종친들과 잔치를 벌였던 오목대 인근의 자만동에 황실의 터임을 나타내는 금표로 이를 확인해 볼 수 있습니다.

완산동은 완산칠봉 자락에 형성된 마을로 전주천을 경계로 전주 도심과 연결되어 있습니다. 완산교, 서천교, 매곡교를 통해 전주부성으로 들어가는 길목이며, 마을 앞 천변은 서문밖장과 남문밖장이 열리는 곳으로, 전주의 옛 지명은 완산으로 완산칠봉에서 유래합니다.

이규보의 『남행월일기』에는 "완산完山이란 산은 나지막한 한 봉우리에 불과할 뿐인데, 한 고을이 이로써 부르게 된 것은 참으로 이상하다."고 나옵니다. 완산칠봉은 전주의 옛 지명 완산의 유래가 되는 산입니다. 고려시대 이규보는 완산이 작은 산에 불과한데 고을 이름을 삼은 것이 묘하다고 말했습니다.

완산은 풍수상 전주의 안산에 해당되고, 남복산南福山으로 불리기도 하였으며, 기러기 형국의 산형입니다. 외칠봉, 내칠봉, 좌우칠봉으로 구분되어 삼면칠봉이라고 합니다. 그래서 완산은 조선왕실의 뿌리로 인식되어 땔나무를 채취하는 것을 금했습니다.

어르신들에 의하면 완산칠봉은 시신을 거꾸로 묻어도 탈이 없다고 할 정도의 명당으로 알려져 몰래 묘를 쓴 평장平葬들이 많았다고 합니다. 또 이곳은 소나무가 많았으나, 벌목으로 민둥산이 되어 일제강점기 때 삼나무를 심었다고 합니다. 때문에 완산칠봉은 전주의 정신적 뿌리와 같은 곳입니다. 그래서 조선조 고종황제는 전주를 황실의 고향으로 성역화를 하면서 오목대, 이목대와 함께 완산에 비를 세웠습니다.

완산칠봉 중턱에서 1982년 6월 9일 완산금표가 발견됐습니다.

전북대 녹색 회원 6명이 정혜사에서 발견, 대학에 보관하고 있는 것으로 전해지고 있습니다. 높이 97cm, 두께 12cm로 된 이 금표는 화강암에 음각되어 있습니다. 뒷면에는 벌칙으로 추정되는 규정이 새겨져 있는 것 같지만 심하게 닳아져 해독이 어렵습니다. 이같은 금표는 조선조 중기에 세워진 것으로 우리나라엔 강화도, 영월군, 속리산 등에서 발견됐습니다.

완산자락은 동학농민군과 관군이 치열한 접전을 벌인 곳이며, 호남 최초의 교회 은송리 교회가 자리한 개신교 전파의 산실입니다. 또한 가장 오래된 지역원로들의 경로당으로 도지사와 시장이 부임하면 으레 인사를 올렸던 기령당과 전주에서 두 번째로 개교한 완산초등학교가 자리하고 있습니다.

전북도청과 전주시청에 가깝고, 남부시장을 끼고 있어서 상인과 공무원들이 많이 살았으며, 하숙생들도 많았습니다. 그런가 하면 일제강점기에 완산자락은 일본인들이 살지 못했던 것으로 유명합니다. 일본인들이 살면 병이 났기 때문이라고 합니다.

또, 조선시대 완산동에는 얼음을 떼서 저장하는 빙고가 있었습니다. 다가산자락에서 용머리쪽으로 뻗은 마을을 빙고리라고 하는 것은 그런 연유입니다. 다가산 자락에 지금도 몇 개의 석굴이 남아 있는데, 이 굴들도 빙고로 쓰였을 개연성이 있습니다. 바로 그 옆이 전주천 물이 홱 돌아가는 곳으로 소가 깊어서 얼음이 두껍게 얼었겠지요.

고종은 전주를 황실의 고향으로 성역화를 하면서 오목대, 이목대, 완산에 각각 비를 세웠습니다. 이중 완산비만 행방이 묘연하데, 얼마 전 이 비의 탁본이 전주역사박물관에 전시됐습니다. 완산비가 사라진 것은 글씨를 쓴 자가 을사오적 이완용이기 때문이 아닐런지요.

창덕궁 금표

최근엔 전주문화원이 전주의 전주이씨 시조묘가 있는 덕진동 건지산 일대에서 창덕궁이라는 글자가 써진 금표를 발견했습니다. 전주 승마장에서 백동저수지로 넘어가는 길 한 가운데 박혀 있었다고 합니다.

창덕궁이 주인으로 기록되어 있다가 1920년에 이왕직장관 소유 땅으로 기재되어 있음을 확인할 수 있는 등 전주에 많은 땅이 창덕궁 소유였음을 엿보게 하는 대목입니다.

이곳은 신성한 건지산임과 동시에 조경단이 있는 곳이므로 벌목과 묘지 쓰는 것을 하지 말라는 의미에서 이 푯말을 세운 것 같습니다.

비록 아주 작은 '금표'는 돌맹이 하나에 불과하지만 전주의 일제시대 역사와 문화를 파악하는 좋은 금석 자료임에 틀림없습니다. 조경단 부근의 금표는 조경단을 보호하기 위한 대한제국 왕실의 마지막 희망이 표출된 것은 아닐까요.

금표는 역사와 신화, 과거와 현재, 현실과 문학의 경계를 넘나들며 이곳저곳 아롱다롱 매달린 재미있는 이야기들을 들려줍니다. 이를 통해 풍경에 섞여 있던 한옥마을이 어제보다는 좀 더 또렷하게, 좀 더 정답게 보입니다.

넛지, 금표禁標가 아닌 금표金標

금표하면 넛지를 생각하곤 합니다. 금표는 강제성이 아주 강하지만 넛지는 나그네의 옷을 벗긴 것은 차가운 북풍이 아닌, 태양처럼 자발적인 행동으로 이끌게 만듭니다. 넛지nudge의 사전적 의미는 '팔꿈치로 슬쩍 찌르다, 주의를 주다'입니다. 일반적으로 '타인의 똑똑한 선택을 유도하는 부드러운 개입'이란 뜻으로 통용되고 있습니다.

암스테르담의 스키폴 공항의 남자 소변기에 파리 모양 스티커를 붙여놓는 아이디어만으로 소변기 밖으로 새어나가는 소변량을 80%나 줄일 수 있었던 것, 사용량이 많아질수록 전구의 색깔이 빨갛게 변하도록 하여 전기소비량을 줄인 것, 쓰레기 무단투기지역에 꽃담장을 조성해 쓰레기를 줄인 것, 냉장고 문에 오목거울을 붙여서 실제 보다 뚱뚱하게 보이게 해 간식을 꺼내려는 손을 멈추게 하는 것도 넛지를 이용한 사례입니다.

또, 음식점에서 점심 특선, 오늘의 메뉴 등 디폴트 옵션을 정해주면 고객이 메뉴를 선택하는데 도움이 되는 것, 고객에게 단지 구매의사를 묻는 것만으로도 구매율을 35% 올릴 수 있다는 것, 큰 그릇으로 식사를 하면 아무리 많은 양이라도 작은 그릇보다는 많이 식사를 하기 때문에 처음부터 작은 그릇에서 먹어야 다이어트에 도움이 된다는 것도 넛지 전략에 기초한 사실들입니다.

요즈음 교육현장에서 시행되는 여러 가지 바우처 제도도 넛지전략의 일환입니다. '긍정적인 행동지원Positive Behavior Support'도 넛지전략과 연합하면 보다 효과적이지 않을까 생각됩니다.

'거거거중지 행행행리각去去去中知 行行行裏覺'이란 말이 있습니다. '가고 가고 가는 중에 알게 될 것이고, 행하고 행하고 또 행하다 보면 그 속뜻을 깨닫게 될 것이다'는 의미입니다. 행함이 중요하다는 말로, 첫째, 아직 어떤 일을 시작하지도 않고 망설이는 사람에게 시작하도록 하는 문구, 둘째, 이미 어떤 일을 시작했더라도 조급한 마음을 가지고 있는 사람에게 그 조급함을 버리도록 하는 문구로, 하여튼 매우 와닿는 문구임에 틀림없습니다.

태산 같은 자부심을 갖고 누운 풀처럼 자신을 낮추어라. 이치가 명확할 때 과감히 행동하라. 벙어리처럼 침묵하고 임금처럼 말하며, 눈처럼 냉정하고 불처럼 뜨거워라. 가고 가고 가다보면 알게 되고 행하고 행하고 행하다보면 깨닫게 된다.

행동보다 말이 앞서는 세상에서 일침을 가하는 말입니다. '거거거중지, 행행행리각'이란 말대로, 쉬지 말고 가고 가고 가면 못 가는 곳이 없이 거기 목표에 도달할 수 있다는 것입니다. 거거거중지, 첫 번에 한 걸음 두걸음 나가보면 목표가 까마득한 듯한데, 올라가다 보면 내 발밑에 들었지 별게 아닙니다. 행행행리각이라, 하나를 행하고 둘을 행하다 보면 넘어온 고개, 어떤 부분이 좀 덜된 곳이 보입니다.

1964년 기업은행 앞에 세워진 전북도로원표

그걸 고쳐가지고 또 행하고 행하나 보면 끝에 가서 원만한 덩어리가 되어 나타나는 것입니다. 또하고 또하면 왜 안되겠습니까? 예전 사람이라고 되고. 지금 사람은 머리가 예전사람만 못해서 안되라는 법은 없습니다. 행동하면서 깨닫게 된다는 말이 요즘 사람들에게 귀감이 될 듯 싶습니다.

넛지에는 부담도 없고 경직됨도 없으며 대결과 갈등이 없이도 상대방의 마음을 움직이는 힘이 있습니다. 각양각색의 넛두리 대신에 상대방이 눈치 채지 못하게 물줄기를 슬며시 바꿔놓으므로 서로에게 기분 좋은 변화를 불러일으키는 힘, 바람직하지 않나요. 세상만사 '넛지'처럼 된다면 얼마나 좋을까요. 당신의 발상의 전환이 긍정적인 세상, 새로운 세상으로 이끄는 원동력이 됩니다.

꽃의 향기는 타고 나지만 사람의 향기는 선택되고 창조되고 새로워집니다. 이 모두가 긍정의 마인드로부터 비롯됩니다. 제아무리 좋은 향수라도 눈빛과 얼굴, 말씨와 걸음걸이, 마음과 영혼에서 풍겨나오는 내면의 향기를 따르지 못합니다. 바로 그 '참사람' 진인眞人이 당신이고 저였으면 참 좋겠습니다. 제가 사람인 까닭입니다. 넛지의 힘, 금표禁標가 아닌, 금표金標입니다.

사람의 이야기가 흐르는
땅이름

전북 임실군 강진면에는 옥정리玉井里가 있습니다. 이 마을은 그전에 옥처럼 맑고 찬 샘이 있어 옥정리라 부른다고도 하고, 혹은 조선 중기에 어느 스님이 이곳을 지나가다가 '멀지 않아 맑은 호수, 즉 옥정이 될 것'이라고 예언하여 옥정리라 했습니다. 정읍시 산외면 목요리沐浴里는 원래 물이 맑고 좋아 선녀들이 목욕하던 곳이라 하여 '멱수', '목욕소'라 했던 것이 기원이라 합니다.

누가 한반도에 아름다운 땅이름을 지었을까요. 오래 전에 살다간 선조들이 지어놓은 땅에 대한 지명을 분석하다 보면 흥미로운 것들이 너무 많습니다. 예언성 땅 이름은 경탄할 정도로 딱딱 맞아 떨어지는 것을 볼 수 있습니다. 이를 일러 땅이름의 우합偶合이라고 합니다. 오래 전부터 불러오고 있는 땅이름이 후세에 와서 이상하게도 그 땅이름의 뜻과 같은 현상으로 나타나고 있습니다. 이로써 땅이름에서 우리 선인들의 선견지명을 엿볼 수 있고, 다시 한번 땅이름의 신비를 절감하게 됩니다.

　전북 옥구군과 새만금간척지. 옥구군沃溝郡은 군산시를 에워싸고 있는 지역으로, '沃(물댈 옥)'자에 '溝(개천 구)'자를 합한 이름인 '옥구沃溝'는 한자대로 새기면 '개천에 물을 댄다'는 뜻을 갖고 있습니다. 이제, 개천에 물을 대는 현실로 나타나게 됐습니다. 새만금간척사업은 고군산군도와 비안도를 거쳐 부안군 변산면 대항리를 잇는 33km의 바다방조제를 쌓아 서울 여의도의 140배 규모의 토지를 조성하는 대단위 간척사업입니다.

　그리고 또 하나, 진안군 용담면과 용담댐. 진안 용담면은 일제 강점기부터 댐 건설의 적격지로 지목, 계획을 확정하고 사업을 검토하여오다가 일본 패망으로 무산됐지만 지난 1992년 착공, 2001년 완공됐습니다. 담수가 끝나자 하늘에서 내려다보았을 때, 참으로 기이하게도 댐이 가두고 있는 물줄기가 용이 승천하는 모습으로 그대로 선명하게 그려내고 있습니다. '용담'이란 '龍(용 용)'자에 '潭(못 담)'자의 지명으로 '용이 자리를 틀고 있는 깊은 연못'이란 의미가 현실화된 셈입니다.

　전주의 마당재는 고개가 마당처럼 넓어서 마당재라는 이름이 붙었습니다. 그도 그럴 것이 이곳에서 고려시대에는 야단이 설치되고 법석이 열렸다고 합니다. 구 전주상업고등학교 교정 주변을 가리켜 야단법석野壇法席자리였기 때문입니다. 전주의 지명에도 우합이 참으로 많습니다.

전주라는 이름

전주全州의 옛 지명은 삼국사기 기록에 의하면 백제시대에는 완산完山이라 하였는데 마한국명으로는 원지국圓池國에 이릅니다.

전주라는 지명 사용은 서기 757년 신라가 삼국을 통일한 경덕왕景德王16년부터입니다. 전주 완산의 비명 원의를 볼 때 '완完'과 '전全'은 모두 '온전하다'는 '온'이란 우리말 뜻을 지닌 글자입니다. 따라서 '완'은 그 음도 '온'의 근사음으로, '완'이란 글자는 '온'이란 말에서 비롯됩니다.

전주는 고려 성종 때 전국의 행정구역을 12목으로 개편하면서 당시 인구가 가장 많은 전주와 나주의 첫 글자를 따 '전라도'라는 이름을 붙였을 만큼 우리 역사에서 중요한 행정 중심지로 기능해 왔습니다.

후백제의 도읍이었던 덕분에 일찌감치 성곽도시로 발전하기 시작한 전주는 특히 이곳을 본향本鄕으로 하는 이성계가 조선을 개국하면서 조선 중기까지도 한양, 평양에 이은 3대 도시의 하나로 전성기를 구가했습니다. 기록에 의하면 1700년대 후반 전주는 한양, 평양, 개성을 제외하고 상주, 대구, 충주, 의주, 진주와 함께 인구 1만 명이 넘는 전국 6대 도시 가운데 하나였습니다.

풍남문은 조선시대 전주부 감영 둘러싼 전주 성곽의 남쪽에 자리한 문을 말합니다. 전라도 관찰사가 직무를 수행하던 전라감영이 있던 곳이 지금의 완산구 중앙동에 있는 구舊 도청사 자리입니다.

전주부 감영을 중심으로 시가지를 둘러싸고 있던 전주성곽은 고려 말 도관찰사 최유경의 지휘로 축성되었다는 기록이 남아있으며, 감영

터에서 그리 멀지 않은 전동 풍남문豊南門은 이 전주성의 남쪽 출입문에 해당합니다. '풍남'이란 풍패豊沛의 남쪽에 있는 문이라는 뜻으로 중국 한나라 고조(유방)의 고향인 '풍패'에 빗대 조선 왕조의 본향인 전주의 무사 안녕을 기원한다는 뜻을 갖고 있으며, 풍남동도 이로부터 지명이 유래합니다.

교동은 본래 전주부 부남면 지역이었으며 조선시대에도 이곳에 전주향교가 있는 까닭에 향교골 혹은 생교골 이라고 불리웠습니다. 교동이라는 지명의 유래가 되고 있는 전주향교는 고려 때 창건되었다고 전해지는 바 만화루, 대성전, 명륜당 등의 건물로 구성돼 있습니다.

전주향교

생김새에서 유래한 명칭

　전주천이 상관에서 전주로 흘러들어오는 초입에 중바우가 있습니다. 중바우는 발산(발리산) 동편에 있는 바위 벼랑으로 된 산의 이름이기도 하며 동시에 그 산 아래 자리잡은 마을의 이름이기도 합니다. 산으로서의 중바우는 산 봉우리에 있는 바위들이 마치 고깔을 쓴 중들이 늘어선 것 같이 보인다고 해서 생긴 이름으로 중바우를 한자어로 바꾸면 승암僧巖 마을로도 불리웁니다. 이곳에 천주교 전주교구청이 순교자의 묘역을 조성한 후 치명자산致命者山이라 부르기도 합니다. 이 마을에서 남쪽으로 사대마을과 수박동이 자리했습니다.

　승암산을 바라보며 쏜살같이 곤두박질치며 내려오다가 좁은목 못미쳐 까무라친 형국이라 하는데, 이때 놀란 것이 바로 노루라고 합니다. 또 승암산 꼭대기가 서북쪽 발산鉢山을 돋아놓고 한 가닥을 슬쩍 비껴 사뿐히 내려앉은 듯한 형세인 한벽류 부근을 옥류동이라고도 합니다.

　옥류동 터를 멀리서 바라보면 대숲을 끼고 호랑이 한 마리가 엎드려 있는 형국인데, 노루가 한가롭게 풀을 뜯고 놀다가 목이 말라서 물있는 곳을 찾아 두리번거리다가 호랑이를 보고 깜짝 놀라 기절 초풍하여 숨을 곳을 찾아 날뛴데서 노루목이라고 불리워오고 있습니다.

　한벽당을 지난 물줄기는 남천을 형성하여 교동의 남쪽으로 흘러가고 뒤편 발리산의 산자락을 따라 가면 옥류동과 자만동을 만납니다. 흔히 옥류동 고개라 해서 낙수정(지금의 군경묘지로 알려져 있는 마을)으로 넘어가는 고개로 알려진 마을입니다. 이 마을의 이름은 옥류천玉流川이라는 샘에서 유래합니다. 옥류동에는 옥류천이라는 샘이 있었던 바, 샘물이 아주 맑았다고 전해집니다.

　옥류동이란 마을의 이름도 이 샘에서 유래되며, 오늘날의 콩나물국밥을 만든 주인공이 됩니다. 승암산과 기린봉이 새끼 친 높고 낮은 산봉우리를 가리켜 오목대, 이목대, 발산 등이 아래하고 있으며, 이들이 둘러싼 골짜기를 자만동滋滿洞이라고 했습니다.

　그 이름은 '녹엽성음綠葉成陰, 자만지운운子滿枝云云'의 고가古歌에서 나왔다고 전하며, 자만은 자식이 많이 불어나라로 모두 같은 뜻을 지니고 있습니다. 이 골짜기는 발이산發李山이라 하여 전주이씨의 발상지를 뜻하기도 하며, 승암산과 발이산을 넘어가는 형세가 노승출동老僧出洞 같다고 하여 발산으로 부르기도 합니다.

　자만동에서 전주향교 쪽으로 내려다보면 쌍시암이란 동네를 만나게 됩니다. 이곳은 서로 마주보는 쌍샘이 있었다고 합니다. 쌍시암과 그 주변마을은 해방과 동란 무렵 전주 천변에서 움막을 치고 살던 피난민들을 집단 이주시켜서 커진 마을입니다.

　이곳은 묵샘골로도 불렸다고 합니다. 자만동 즉 오목대와 이목대 사이의 작은 골짜기로 녹두묵을 많이 만들어 내어 유명하였고, 이곳의 샘물은 어느 곳보다 물맛이 좋아 녹두를 갈거나 갈아놓은 녹두를 묵으로 만들 때 치는 샘물로 적격이라 간을 하지않아도 좋았다고 합니다. 이곳은 녹두묵 외에도 도토리묵으로도 유명합니다.

　그리고 동완산교 쪽에서 바라본 곤지산은 꼭 말처럼 보인다고 해서 갈마음수봉渴馬飮水峰이라고도 하는 바, 그 산형山形이 목마른 말이 초원을 찾아 강변에 목을 축이는 형상이라고 합니다. 조선 말엽에는 참형자들을 효수하던 곳이라 하여 눈총을 받았던 곳이며, 숲정이 좁은목과 견

줄 수 없을 만큼 삼동三冬 내내 바람이 차고 거세여 삼복 무더위 때는 피서객들이 줄을 잇기도 했습니다. 또한 해가 설핏하거나 비오는 날은 한낮이라도 음산한 기운이 감돌아 아녀자들은 아예 발길을 돌리지 않았으며, 장정들까지도 간담이 서늘하다고 하여 곤지산 골목은 피해 다녔다고 합니다.

홍교虹橋 또는 남천교南川橋는 슬치재를 따라 내려 흐르는 한벽당 아래를 가로질러 놓였던 석교石橋를 말합니다. 돌을 다섯 동가리로 나누어 무지개형으로 짜서 다섯 개의 창문처럼 뚫어 쌓았대서 안경다리라고 했습니다.

이 다리는 물 가운데에 기둥을 박고 우뚝 솟아오른 그 웅장한 위용이 정교하다 못해 인간이 만든 것이 아니라 옥류동玉流洞 산신이 중바위산의 바윗돌을 뽑아다 쌓은 듯 하다고 하여 감탄하기도 했다고 전합니다. 더욱이 다리 위로 남쪽 하늘을 삼킬 듯이 눈을 부릅뜨고 앉은 다섯 개의 용龍머리를 새겨 놓았었다고 하는데, 승암산이 화기火氣를 품었다고 해서 부성의 재난을 사전에 막자는데 연유했다고 합니다. 그런데 승암산의 화기를 막기에는 용의 힘이 모자랐던지 그 후 홍수가 잦아 무너져 버리고 용머리는 물에 떠내려 가버려 이제는 그 자취를 찾을 수 없게 되자, 근래에 남천교로 복원했습니다.

인물이 남긴 땅이름

천주교 전주교구청이 자리한 간납대揀納臺는 전주8현으로 알려진 운암 형제의 충절을 낳았다하여 지어진 이름입니다. 1636년 병자호란이 일어나자 기발은 형인 흥발과 함께 청주에 진주하여 남하하는 호병胡兵 아홉 급級을 목 베고, 남한산성을 사십리 거리에서 바라보며 달려가던 중 강화降和한 소식을 듣고 비분방개 한 끝에 의병을 해산합니다.

이듬해 벼슬을 그만둔 그는 고향에 돌아와 벼슬길에 나아가지 아니 했지만 울분을 참지 못해 때로는 적취정績翠亭 골짜기에 기거하게 됩니다. 간납대는 이흥발, 이기발 형제가 한 대에 일찍이 사간원 헌납獻納을 지냈으므로 간諫자와 납納의 두 자를 따서 부르는 이름입니다.

예로부터 풍남동 은행나무라고 하면 모르는 사람이 없고 이 또한 은 행나무 골목으로 알려져 있습니다. 현재 르윈호텔(구 리베라호텔) 앞길에 있었던 세종당 한약방에서 오래 전 동사무소가 있던 사거리까지를 은

은행나무 골목

행나무 골목이라고 합니다.

최덕지崔德之가 1402년에 심었다는 이 은행나무는 원래 최덕지의 인품이 특출 나고 오복을 다 갖춘 사람으로 알려져 이를 흠모하는 후학後學은 물론이고, 여인네들까지도 상사병을 앓을 만큼 남자다운 기상이 넘쳐흘렀습니다. 최덕지가 세상을 떠나자 과거를 보러 떠나는 과객들이 알성 급제를 위해 은행나무 앞에서 최덕지의 학문을 숭상하는 묵념을 올렸으며 매년 정월 초하루가 도면 후학들이 제사를 지냈다고 합니다.

전주 한옥마을의 중심도로인 '태조로'는 태조 이성계를 기념하기 위해 붙여진 이름입니다. 태조 이성계의 태생적 시원과 영웅 탄생의 시발을 상징하면서 조선왕조 500년 왕조의 비조로서 태조의 위용이 꽃을 피운 경기전이 있기 때문이기도 합니다. 태조로가 시작되는 지점은 발리산 자락으로 '발리산發李山'이란, 이름 그대로 전주이씨가 비롯된 곳이란 뜻입니다. 이 발리산에는 이목대와 오목대가 있습니다. 아울러 이곳엔 전동성당과 전동성당사제관, 경기전, 전주 풍남문 등이 문화재로 지정돼 있으며, 2012년 6월 29일 국보 제317호 승격된 조선 태조 어진이 어진박물관에 자리하고 있습니다.

권삼득로는 권삼득기적비가

태조로

전북도립국악원 앞에 위치하고 있어 붙여진 이름입니다. 국창 권삼득은 비가비非可非(양반 광대) 명창으로 완주군 용진면 구억리 양반가문에서 출생, 사람 소리, 새 소리, 짐승 소리 등 3소리를 얻었다고 해서 삼득三得이며, 19세기 전반(순조) 8명창의 으뜸 명창이었습니다.

남고산성을 가는 길목인 전주교대에서 200여m 지점 가파른 산자락 아래 충경사가 나옵니다.

충경사는 임진왜란 때 의병장 이정란의 공적을 기려 세운 사당으로 오늘날 전주시를 동서로 가로지른 도로를 충경로로 명명한 것은 충경공의 정신을 기리기 위한 것입니다.

정여립로는 석구동에서 만성동으로 이어진 길로 장장 30리쯤 됩니다. 전주에 살았던 정여립이 낙향하여 대동계를 조직했던 김제시 금산

충경로의 충경사

면 제비산 자락으로 가던 길목에 자리 잡은 길입니다. 석구동의 신평에서 시작된 이 길은 삼천을 건너 해성고를 지나고 쑥고갯길을 지나 좌측으로 국립전주박물관을 지납니다. 좌측으로 삼산지와 안심제를 지나 전주교통방송으로 이어집니다. 정여립은 조선시대의 사상가이자, 정치가이며 혁명가로 전주출신으로 알려지고 있습니다.

정언신은 조선 중기의 무신으로, 『완산지』에 기록된 인물이므로 도로명에 사용했습니다. 정언신은 함경도관찰사로 북쪽 변방을 방비하고, 병조판서에 승진됐던 인물입니다. 1589년 우의정이 되어 정여립의 모반 후 그 잔당에 대한 옥사를 다스리고는 위관委官에 임명됩니다. 하지만 서인 정철의 사주를 받은 대간으로부터 정여립의 구촌친九寸親이므로 공정한 처리를 할 수 없다는 탄핵을 받아 남해에 유배되었다가 투옥, 사사賜死의 하교가 있었지만 감형되어 갑산에 유배되고 그곳에서 죽었습니다.

호성로는 호성군 이주의 호국정신과 그의 선비정신을 기리고자 사용한 도로명입니다. 추탄로는 전주천과 삼천이 만나는 합수 지점으로 추탄 이경동을 기리기 위한 추천대(문화재자료 제8호)를 그의 후손이 지었습니다. 추탄 이경동은 조선 성종 때 병조참판, 대사헌 등을 지냈으나 귀향해 이곳에서 낚시를 드리고 지내던 곳에서 도로명이 유래합니다.

운암로는 팔복동 2가에 있는 마을로, 팔과정에서 학문을 연구해 장원 급제한 운암 이흥발(1600~1673)을 기리기 위해 명칭을 부여했습니다. 팔복동 2가에서 여의동에 이르는 서귀로는 서귀 이기발의 이름에서 도로명이 부여됐습니다.

꽃심의 땅 전주

소설가 최명희는 여러 번 전주를 '꽃심의 땅'으로 불렀습니다.

꽃의 심心, 무엇인가를 간절히 바라면서, 기운을 다해 '꼿꼿이' 버텨온 땅이 전주입니다. 동학혁명의 중심지역으로 우리나라 최초의 민주 자치기구인 집강소가 설치되었던, 자유와 평등의 '꽃'이 한때 피었던 곳입니다.

전주엔 작가 최명희(1947~1998)의 생가 터와 그의 문학 혼이 올곧게 녹아 있는 최명희문학관이 있으며, '최명희길'도 있습니다. 동학혁명기념관에서 경기전 뒷담으로 이어지는 좁은 길의 한 중간에 있는 생가터와 그곳에서 최명희문학관을 잇는 'ㄴ'자 형 골목이 '최명희길'입니다. 생가 터 표지석을 모서리에 두고, 위로 난 길의 끝에 동학혁명기념관이 있고, 옆으로 난 길의 끝에 최명희문학관이 있는 셈입니다.

작가는 전주천이 옆을 스쳐 가는 한옥마을에서 나고, 전주천이 어깨 걸고 흐르는 완산동과 다가동에서 자란 까닭에 소설로 전주의 수맥을 이야기한 바 있습니다. 오늘도 전주천은 생명과 상생을 안고 너그러이 윤슬과 함께 쉼없이 흐르고 있습니다.

은행로에 자리한 최명희길은 그야말로 전주 한옥마을의 묘미를 느끼기에 적합한 조금은 좁고 아기자기한 골목길입니다. 최명희문학관을 찾는 관광객 또는 인근 주민들이 찾는데도 편리합니다. 한옥마을 속 작은 골목이기는 하지만, 최명희문학관과 교동아트센터, 고종 황제의 후손이며 '비둘기 집'을 부른 가수 이석의 집으로 알려진 승광재 등 다양한 볼거리들이 숨어져 있는 길이기도 합니다. 경기전 뒷담으로 이어지는 좁은 길의 한 중간에 있다는 생가터가 자리하고 있습니다.

　다리 주변은 장이 서는 종류에 따라 이름이 달랐습니다. 매곡교梅谷橋 다리 밑 위아래에 새벽부터 각 지방에서 몰고 온 소몰이꾼들과 황소, 송아지가 법석을 떠는 곳은 쇠장터입니다. 현재의 완산교 머리를 소금전다리, 염전교라고도 하는데, 다리 건너 용머리고개를 넘어서면 경목선京木線을 잇닿게 됩니다. 조선조에는 소금이 귀했고 또 소금장수들이 한데 모여 소위 할인판매를 못하도록 서로 견제했던 바, 소금장수들이 모여 장사판을 벌였대서 소금전다리라고 했습니다.

　오늘날 남부시장 머리는 매곡교梅谷橋 자리입니다. 옛날 이 다리 아래를 우시장 속칭 쇠전갱변이라고도 했으며, 다리 아래쪽에서 서천교西川橋 사이로 담뱃대 장사들이 좌전을 벌렸다고 해서 연죽교煙竹橋 또는 설대전 다리라고도 불리웠습니다.

　싸전다리도 있습니다. 전주의 큰 길목인 팔달로 끝머리에서 남원, 순창으로 이어지는 곳으로, 옛날에는 이 다리목을 끼고 좌우로 싸전들이 늘어져 있었다는 데서 나온 명칭입니다. 1999년 1월 전주시 명칭 제정위원회에서 전주교를 싸전다리로 명명했습니다.

1872년
전주의 봄날을 아십니까?

경기전으로 발길을 옮깁니다. 이곳의 꽃잔치는 등굽은 홍매화와 이른바 용매, 즉 백매화로부터 시작됐습니다. 선조들이 한恨으로 심었던 매화나무가 홀로 서서 꽃을 피우고 있습니다. 맞아요, 매화는 아무리 힘이 들어도 결코 향기를 팔지 않습니다.

매화나무를 자세히 보니 등걸에 상처 난 자리마다 불거진 뼈가 보이는 등 이빨 빠진 늙은 나무입니다. 가지에는 다닥다닥 꽃을 피웠군요. 등이 절묘하게 꺾이듯 세 번이나 굽어 의아할 만큼 희한한 모습인 것 같군요.

겨울의 혹한을 견디지 않고서야 어찌 매화의 향기가 코를 찌르리요. 매화의 향기는 혹독한 추위를 견디어 온 인내의 산물이지만 밤이 깊어 적막할 때 비로소 먼 곳에 서도 스며드는 은은한 향기를 갖고 있으니 '암향'이라고 합니다.

전주
한옥마을
다시보기 1

그래서 매화의 향기가 떠돎을 뜻하는 말이 암향부동暗香浮動입니다. 봄의 화신花信이 경기전의 어두운 달빛 아래 더욱 더 빛이 나는 까닭입니다. 서러울 것 같이 청순한 홍매화 꽃잎이 경기전의 하늘 아래 꿋꿋히 피어 태양을 물들이고 있습니다.

전주지도全州地圖

조선의 태조 이성계의 관향인 전주를 그린 전주지도全州地圖(보물 제1586호)는 전주부의 읍성과 주변의 산세, 내부의 관아 건물들을 산수화풍으로 그린, 회화식 지도의 대표작 중 하나입니다.

1872년에 그려진 『전주지도』는 고종 9년 대원군 집권 시기에 전국 군현을 망라해 제작한 지도 가운데 하나입니다. T자형의 전주 읍성내 도로망이 특징적으로 묘사되어 왕권을 상징하는 객사의 성격을 뚜렷이 보여주고 있으며, 전주의 풍수적 특성도 매우 정확하게 묘사된 가운데 봄 풍경에 멀미가 날 지경입니다.

기린봉에서부터 발원한 산줄기가 현재 덕진연못 앞까지 연결되어 있으며, 좌청룡 우백호의 지형이 지도상에 섬세하게 그려져 있습니다. 무엇보다도 전주성 안팎으로 빽빽하게 들어선 민가, 감사監司 일행의 행차로 보이는 사람들의 모습, 그리고 경기전 주변의 수목과 새들, 만개한 오얏꽃까지 생생하게 묘사되는 등 화사한 봄날의 정취를 느끼게 하고 있지만 아직은 때가 일러서 인가요, 매화만 고개를 내밀고 있군요.

'관찰사의 청사'인 선화당을 비롯한 감영 건물과 부윤이 집무하던

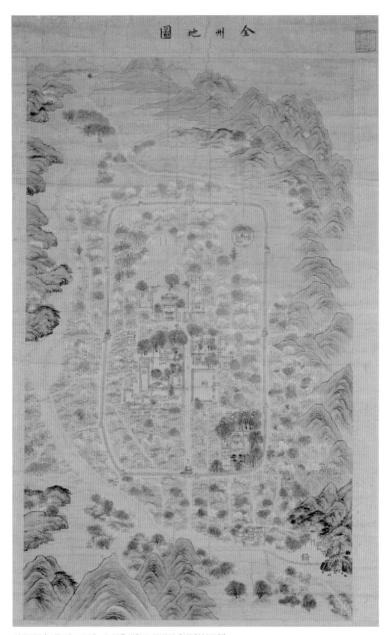

全州地圖

전주지도(보물 제1586호, ⓒ서울대학교 규장각 한국학연구원)

본관本官, 객사, 경기전, 옥사 등의 건물이 그려져 있고, 성밖 우측 하단에는 전주향교, 한벽당 등 전라감영의 모습이 손에 잡힐 듯 아스라히 펼쳐지면서 울긋불긋한 오얏꽃의 향연은 끝이 없는 바, 이는 전주이씨를 상징합니다.

태조의 영정을 봉안하고 있는 진전인 경기전이 부각되어 있지만 아직 조경묘가 세워지지 않은 모습도 보이네요. 대신 그 자리에 나무가 우거지고 백로 떼가 앉아 있는 장면을 표현, 상서로움을 강조하고 있습니다.

이들은 바로 인근의 서서학동 등에서 날아와 '송수천년松壽千年 학수만년鶴壽萬年'의 신화를 일깨우고 있습니다. 하지만 10장생의 하나인 백로떼 바로 밑 소나무의 모습은 사라져 볼 수 없습니다. 지금 경기전은 새들의 노랫 가락에 맞춰 봄이 오는 소리로 흥건합니다.

왜 전주읍성은 T자형인가

전주읍성은 조선시대 읍성의 좋은 본보기가 됩니다. 객사는 읍성 도시계획의 기준입니다. 객사에서 보았을 때에 좌묘우사左廟右祠를 배치합니다. 좌측에는 공자묘(대성전)와 경기전과 조경묘를 배치했으며, 우측에는 사직단(구 기전여고 자리)을 배치합니다.

읍성 밖의 주거지도 구분됐습니다. 동문밖 주거지는 동교동(현재 교동)이고 서문 밖의 주거지는 서교동(현재 서신동)이라 할 수 있습니다. 동교동은 전주의 토호층이, 서교동에는 외국인들이 살았습니다.

승암산 아래로 보이는 전주

전주읍성은 풍남문을 통하여 입성하는 게 근본입니다. 풍남문을 들어서면 T자형 도로가 조성되어 있습니다. 읍성내 T자형 도로를 따라 관아 건물들은 남향으로 배치했는가 하면 관아와 성역은 위쪽에 배치하고 마을은 아래쪽에 조성했으며, 읍성의 관청 배치는 3단 구조로 되어 있습니다.

T자형 도로 상단에는 객사가 위치하고 그 뒤에는 아무런 건축물이 들어서지 않는 성역으로 보입니다. 객사가 왕권을 상징하는 곳이기에 왕위에는 당연히 아무것도 없어야 하지 않나요. 중단에는 선화청과 동헌이 있군요. 선화청은 전라감사가 머물면서 직무를 보는 전라감영이며, 동헌은 전주의 수령이 집무를 보는 곳입니다.

객사 아래 좌우에 선화청과 동헌을 배치합니다. 객사를 정점으로 우감영, 좌동헌을 배치합니다. 비중으로는 관찰사가 머무는 선화청의 규

풍남문

모가 크지만 고을 수령이 머무는 동헌도 그에 버금갑니다. 동헌은 수령의 집무처로, 객사의 동쪽에 위치하기에 붙여진 관공서 명칭입니다. 하단에는 아전, 육방 관속들과 하인 노비들이, 양반들은 동교동에 각각 살았습니다.

전주 객사는 1471년에 세워졌습니다. 읍성 안의 건물은 객사를 중심으로 정치적 지위와 신분을 고려해 배치합니다. 읍성내 관아의 배치는 동쪽이 서쪽보다 높고 북쪽이 남쪽보다 위계가 높았습니다. 시각적으로도 풍남문에서 바라보면 역시 북쪽을 높게 설계한 것입니다. 북쪽은 성역이요 위엄있는 곳이기에 높이보이도록 설계를 했습니다.

또한, 읍성 내의 관공서들은 북향에서 남향으로 배치한 가운데 입구에서 객사까지 한눈에 조망되도록 합니다. 읍성 구도도 왕권의 상징인 객사를 정점으로 남향에 관아 건물을 설치합니다. 그러다보니 성안의

T자형 도로는 선형이 권위석이고 신장하게 만듭니다. 성안의 도로는 좌향을 가르는 분리선과 동시에 관아건물의 위치와 배치를 하는 기준입니다.

전주대 송화섭교수는 "전주의 도시계획 구도는 깔끔하고 실용적이며 권위적이고 도로의 동선이 일직선으로 배치돼 성안의 출입자는 출입하는 순간부터 경계를 늦출 수 없도록 했다. 입구에서 관아와 객사에 이르기까지 단계적으로 위엄과 권위를 상징하는 건물들은 바로보면 스쳐 지나가기 때문이다"면서 "사찰과 관청을 대비시키면 일주문에서 대웅전까지 일직선이듯 남문에서 객사까지 일직성으로 배치하는 구도를 갖추었다"고 말합니다.

『완산지』에는 전주부성의 3대 다리인 남천교, 서천교, 추천교만이 등재되어 있습니다.

그렇다면 조선시대 전주부성에 실제로 어떤 다리들이 있었으며, 이 다리들의 형태는 어떠했을까요? 이런 의문을 풀고자 할 때 주목되는 것이 전주의 옛지도들입니다. 고지도는 도시의 모습을 회화풍으로 그려놓았습니다. 옛지도는 사진에 비견되는 한 폭의 기록화입니다.

전주에는 19세기 모습을 상세히 그려놓은 병풍형의 대형 전주부지도가 2점이나 있습니다. 전북대박물관과 국립전주박물관 소장 전주고지도가 바로 그것으로, 후자에 전주천의 다리가 상세히 그려져 있습니다. 전북대박물관 소장 지도는 전주부성의 주다리인 남천교, 서천교, 추천교만 그려져 있는 것에 반해, 국립전주박물관 소장 지도에는 이 외의 나무다리, 징검다리들이 상세히 표기되어 있습니다.

완산부지도 完山府地圖

국립전주박물관 소장 전주 옛지도를 통해, 슬치에서 발원한 전주천을 따라 전주에 들어오다 보면 먼저 눈에 띄는 것이 한벽당 부근의 징검다리입니다. 전주천이 한벽당에서 우회하여 얼마 안간 위치로, 이를 지나면 그 유명한 남천교南川橋가 나옵니다.

조선시대 남천교 위치는 강암서예관에 못미치는 지점으로 지금의 남천교 자리와는 조금 차이가 있습니다. 징검다리는 지도상으로 볼 때 한벽당과 남천교 중간정도 지점에 있습니다. 남천교라 이름한 것은 이 천의 이름이 남천南川이기 때문입니다. 전주천이 우회하면서 전주부성의 남쪽을 흐르므로 남천이 되어야 하지 않나요?

19세기 전주의 모습이 생생하게 담긴 〈완산부지도完山府地圖〉가 2015년 4월 22일 보물 제1876호로 지정됐습니다. 이는 조선 태조의 관향인 풍패지향이며 전라도 감영의 소재지였던 전주부를 10폭 병풍으로 제작한 지도입니다.

기록된 내용과 지도 안에 그려진 건물 등을 통해 19세기말에 제작된 것으로 확인되지만 '전주'를 제대로 보여줄 수 있는 대표적인 회화식 지도라는 점에서 국가 지정문화재로서의 가치가 큽니다.

제1폭에는 전주부의 건치 연혁을 비롯, 산천, 풍속 등 전주부의 지리를 지리지 형식으로 담고 있습니다. 제2~8폭에는 전주부 일대를 회화식으로 그렸습니다. 제2폭을 남쪽, 제8폭을 북쪽으로 배치했습니다. 이같은 방위 배치는 전주부 지리의 구성을 병풍식 회화로 재현하기 위한 것으로 보이며, 그려낸 기량이 뛰어나 중앙으로부터 파견된 화사畵

師의 숙달된 솜씨로 추정됩니다.

〈완산부지도〉는 전주의 자연 지형 및 주요 건물의 위치, 명칭 등을 확인할 수 있어 도시사 연구에도 중요한 자료가 됩니다. 지도 바깥쪽으로는 건지산乾止山, 덕진 연못, 다가산 등 전주부를 둘러싸고 있는 자연 지형이 표현되어 있으며, 오목대, 한벽당과 같은 명승의 옛 모습도 살펴볼 수 있습니다.

성내에는 경기전, 조경묘, 객사 등의 주요 건물이 세밀하게 그려져 있고 풍남문, 패서문 등 성곽의 주요 시설도 정확히 묘사되어 있습니다. 더욱이 읍성 바깥 주변으로도 많은 민가들이 자리잡고 있어 번성하던 전주의 모습을 생생히 전해주고 있습니다.

특히, 제10폭 중 '南川石橋(남천석교)' 부분에 '今上 甲戌(금상 갑술)'년과 '乙亥(을해)'년이 기록되어 있어 연대 판정의 근거가 되고 있습니다. 여기서의 '今上'은 고종을 지칭하는 것이고 고종대의 갑술, 을해년은 1874, 1875년이기 때문에 1875년 이후에 제작된 것임을 알 수 있습니다. 이 지도가 19세기말에 제작된 것임에도 불구하고 당시의 지역명인 '전주부' 대신 '완산부'를 사용하고 있다는 점은 매우 흥미로운 사실입니다.

이에 대해서는 전주부가 후백제의 도읍지였고, 조선 왕실의 본향이자 전라도 감영소재지라는 점에서 그 유구한 역사적 의미를 강조하려는 의도로 해석되고 되며, 이같은 상징성을 감안하여 보물 지정 명칭도 〈완산부지도〉로 결정됩니다.

전주부지도全州府地圖

〈전주부지도〉(전북 유형문화재 제80호)는 전주부성 안을 중심으로 전주부 내의 전역을 그린 대형지도로서 4폭의 병풍식으로 되어 있습니다. 지도에는 성의 표시와 성문 그리고 관아의 배치, 향교, 서원, 수목 등이 그려져 있고, 성 밖은 산천의 지형을 옛날 방식으로 그렸으며 각 면의 이름을 써 붙였습니다.

중앙에 둥근 네모가 전주성이고, 네 방위에 4대문이 그려져 있습니다. 첫 면에는 "31개 면面은 1만5,998호로, 전주성 내 4면面은 3,783호, 성의 바깥 면面 1만2,215호다."고 기록되어 있습니다. 전주성의 4대문은 남문(지금의 풍남문)만 2층 누각이고 나머지는 단층으로 그려졌습니다.

특히 북문의 옹성은 사라지고 없지만 세문의 형태와는 다른 모습입니다. 네 번째 면에는 동서 간 거리가 80리(약 320km), 남북 간 거리가 110리(약 440km)임을 기록하고 진안, 고산, 순창, 임실, 김제, 금구, 임피, 여산, 익산까지의 거리를 적어 놓았습니다.

〈전주부지도〉는 규장각 소장 〈전주지도〉, 『전라도관찰사영지』, 국립전주박물관 소장 〈완산십곡병풍도〉, 『호남읍지』, 『전주부사』의 〈전라도관찰부관아도〉 등과 비교할 때 하급 실무자의 영역인 계서소啓書所, 군사 시설인 군뢰청軍牢廳이 유일하게 표기되어 있습니다.

〈전주부지도〉에 표현된 이상의 역사적 기록은 전주부의 역사뿐만 아니라 도시계획 측면에서도 매우 중요한 사료로 평가되고 있습니다. 이에 전북대 박물관이 전주부지도 복제본을 만들었습니다. 우선, 마멸되거나 흔적만 남아 있는 31개 면의 지명을 모두 복원했으며, 또 얼룩

한옥마을

으로 거의 알아볼 수 없었던 전주성 내부를 말끔하게 복원하여 건물의 세부명칭까지 확인할 수 있게 됐습니다.

　하지만 제작자, 제작 연대, 제작배경 등 기본적인 역사적 사실조차 밝혀지지 않은 상태로, 전북대 박물관은 복제본 제작을 계기로 앞으로 이러한 문제들을 하나씩 해결해 나갈 예정입니다.

전동성당

왜 효자동일까

고려시대에 이규보가 『효자리』라는 시를 남긴 것을 보면, 효자의 역
사가 아주 오래된 듯합니다.

> 돌을 세워 효자를 표창했는데
> 성명은 이즈러져 알 수가 없네
> 어느 때 사람인지 알 수가 없고
> 효행은 어떠하였는지도 모를레라

효자동이란 이름은 효자2동의 중심 마을인 효자리에서 유래합니다.
국립전주박물관에서 정읍 방면으로 100m 지점에 자리한 1627년에 정
려를 받은 효자 장개남張凱男을 기리는 효자비가 서있습니다. 이곳엔
1888년 정려문을, 2002년 5월 효자공파 종중이 이를 널리 알리는 비

석을 세웁니다.

제가 갔을 당시엔 효자동에 겨울 속으로 점점 더 깊게 만드는 눈이 대지에 내리고 있습니다. 그동안 수십 여 차례 이곳에 답사를 왔는데요, 얼마 전 깜짝 놀랄만한 사실 2가지를 알게 됐습니다. 그 하나는 효자공파가 세운 비석이라는 사실입니다. 아마도 효자공파孝子公派란 명칭은 전 세계적으로도 유일하지 않은 우리네 자존심, 더 나아가 전주 사람들의 사람됨됨이를 나타내는 상징이 되지 않을런지요. 보통 출세한 조상들의 벼슬을 갖고 ○○파란 이름을 부여하는 게 상식이 아니던가요?

또 하나, 원래의 비석이 정려각 뒤쪽에 자리하고 있다는 사실입니다. 현장에서 전라금석문연구회 김진돈 회장과 통화를 하면서 알게 된 사실인데요. 통상 새로운 비석이 만들어지면 이전의 비석은 없애는 것인데, 그대로 있으니 특이하다는 사실입니다. 정려각 뒤쪽의 비석의 연표를 제가 직접 확인해보니 1904년 5월로 나타났습니다. 혹여 효도의 마음이 뒷전으로 밀려난 것은 아닐런지요.

원효자리元孝子里는 조선 인조 때 사액으로 세워진 효자 정려문이 있는 마을로 예로부터 한절리寒節里라고 불렸습니다. 장개남은 넉넉지 못한 살림에도 불구, 부모를 섬기는 효성이 지극했습니다. 어머니가 병환으로 고생할 때 하늘에 빌어 효험을 얻은 것이 한두 번이 아니었습니다. 언젠가는 병환이 극심해져서, 몸을 깨끗이 씻고 하늘에 비니 기러기가 마당 가운데 떨어졌으므로, 이것을 구워 드리자 즉시 병이 나았습니다. 이에 마을 사람들은 그의 효심에 하늘이 감응하여 일어난 일이라고 생각했습니다.

장개남의 효 이야기

　장개남의 효행에 얽힌 이
야기는 3~4가지 정도가 전해
져 오고 있습니다. 새고기를
먹고자하는 어머니를 위해 하
늘에 두 손바닥을 마주대고
빌었더니 기러기가 떨어졌다
는 기러기배미이야기와 한겨
울 수박을 구하러 헤매다 동
네 뒷산에서 수박을 구한 수
박골 이야기, 그리고 머슴살

장개남 효자비

이를 해서 얻은 밥을 어머니께 드리기 위해 세내(삼천)을 건너려고 했으
나 물이 갑자기 불어 갈 수 없는 상황에서 어머니께 맛있는 밥을 드리
려는 일념에 물에 뛰어들었더니 물이 갈라져서 무사히 건널 수 있었다
는 이야기 등이 전해옵니다.

　2010년 10월에 간행된 《한국지명유래집》을 보면 다음과 같이 기록
됐습니다.

　　전북 전주시 완산구의 남쪽에 위치한 동이다. 동의 가운데에 삼천
　　이 자리 잡고 있고, 남서부에는 천잠산에서 황방산으로 이어지는 산
　　지와 북동부에는 다가산과 완산칠봉으로 이어지는 산지가 있다. 효자
　　동 신시가지에는 전북도청, 전북경찰청 등의 관공서가 입지하고 있

효자동와 삼천동, 고사동, 교동 등에는 앞서 말한 장개남효자정려, 수원백씨 효자정려를 비롯해 효자박경환효열각, 효자김상린정려, 효자 이춘선지려, 효부동래정씨지려, 박한상정문 아직도 10여 개의 효자비, 효열비, 그리고 정려각이 남아 효심을 만세토록 노래하고 있습니다.

안도현 시인의 시처럼 우리가 눈발이라면 나를 낳고 길러준 부모님을 생각하면서 허공에서 쭈뼛쭈뼛 흩날리는 진눈깨비는 되지 말아요. 세상이 바람 불고 춥고 어둡다 해도 사람이 사는 마을 가장 낮은 곳으로 따뜻한 함박눈이 되어 내리도록 해요. 시인은 "바람 불고 춥고 어둡고 낮은 곳으로 내려와 힘들고 지친 사람들을 더욱 어렵게 하는 '진눈깨비'가 되지 말고, 어려운 사람에게 희망과 행복을 주는 '함박눈'이 되었으면 한다"고 말한 바 있습니다.

세상이 어지러울수록 시는 단정한 모습을 보여야 하고, 세상이 차가울수록 시는 따뜻한 편에 서야 한다고 보는데 여러분들은 이 말에 동감하시나요? 효자동은 장개남의 효심을 널리 알려주기 위함인지는 몰라도 봄을 재촉하는 눈이 내리고 있습니다.

효자 박진

전주향교 입구인 만화루 왼쪽에는 작은 빗돌이 들어간 박진 효자비가 자리하고 있습니다. 좁은목 약수터를 지나 전주천 너머를 보면 각시

박진 효자비

바위와 서방바위가 보입니다. 그 중간의 산록에 움푹 들어간 작은 골짜기가 남향받이로 있는 바, 수박동授朴洞으로 부르고 있습니다. 이 같은 지명을 얻게 된 것은 조선 초 초기에 전주에 살았던 효자 박진朴晋과 얽혀진 사연 때문입니다.

나이 60세가 넘고 그의 아머지 80세가 넘은 1394년 8월 어느 날 이야기입니다. 아버님이 병환 중이라는 연락을 받고 그는 관직을 내려놓고 낙향을 하던 중 지난 밤 내린 비로 강물이 불어나 건널 수 없게 되자 주위의 만류를 뿌리치며 강물에 뛰어 들었습니다. 하늘도 그의 효심에 감복을 하였는지 물이 갈라져 무사히 강을 건너 한달음에 집으로 달려 갔습니다.

『완산지』의 기록을 보면 낮에는 아버지 곁을 떠나지 않았고 밤에도 허리띠도 풀지 않았다며 타들어가는 효자 박진의 마음을 잘 보여 주고 있습니다. 효자 박진의 이야기는 전주에서 전설처럼 내려오는데 지금도 지명으로 남아 후세의 귀감이 되고 있습니다.

박진의 미담은 끊이지 않습니다. 추운 겨울날 매서운 바람이 부는 엄동설한에 아버님이 화전을 먹고 싶어 한다는 이야기를 듣고는 어디가도 꽃잎을 구할 수 없어 그는 하늘에 기도를 하여 꽃을 얻어 화전을 구워드렸는데 그 꽃을 구한 산이 박과산(꽃순)이며, 또 이 계절에 수박을 먹고 싶자고 하자 달덩이 같은 이를 구해주었는가 하면 잉어가 먹고 싶다는 부친을 위해 얼음을 깨고 들어가 잉어를 잡아 자시게 만듭니다. 이때에 수박을 구한 곳이 수박동이고, 꽃순을 구한 곳이 박과산朴菓山이며, 잉어가 있는 늪을 잉어소라고 하는데요, 현재에도 그 지명이 남아 있습니다.

그는 아버님이 돌아가시자 시묘살이 3년 동안 곡하고 절을 하였던 곳이 한 자 이상 패였다 합니다. 박진의 효자비는 원래 다른 곳에 있던 것을 향교 옆으로 옮겨 왔으며 이 비석은 1398년에 세워진 것을 1724년에 중각을 했습니다.

누각 안에는 '효자군수박진지려'비와 '죽정박공효행유적' 편액, 1805년에 후손 필성이 지은 '전주부 효자박진정려기'와 1942년 최병심이 지은 '박효자정려이건기'가 걸려 있습니다. 박진 효자비는 2009년 10월에 전주시 향토문화유산 제5호로 지정돼 보호받고 있습니다.

전주 학인당과 수원백씨 효자문

전북도 민속자료 제8호 학인당學忍堂은 전주 한옥보존지역의 대표적인 건물로 한말 건축 기술을 계승한 전통 양식의 건물입니다. 조선왕조 붕괴 후 궁중 건축 양식이 상류층 가옥에 도입된 전형적인 예가 됩니다. 효자 백낙중白樂中이 살던 집으로 고종황제가 그의 효행을 높이 사서 승훈랑이란 벼슬을 내린 곳입니다. 백낙중이 죽은 후 그 효심을 널리 알리기 위해 그의 호 인재忍齋에서 '인忍'자를 따서 집 이름을 '학인

학인당

백낙중 효자지려

당'이라 했습니다.

솟을대문에 백낙중이 효자임을 표창하는 현판을 걸어 놓았습니다. 정판에 '효자승훈랑영릉참봉수원백씨지려孝子承訓郎英陵參奉水原白氏之閭' 이라는 글귀가 선명합니다. '사람들이여, 지금부터 효자인 수원백씨에게 승훈랑 영릉참봉의 집이라고 부르십시오'라는 해석이 가능합니다. '병인 5월'이라는 기록이 맞다면 1866년 5월로 고종 3년 때의 일입니다. 학인당에 살고 있는 수원백씨 은진공파 전주문중은 백시중이 터를 잡은 이후 3대에 걸쳐 효자정려각이 세워져 있습니다.

전주의 '수원백씨 효자문'은 백규방, 백진석 부자와 백행량, 백응만 부자의 3대 효심을 그리고 있습니다. 백규방은 아버지가 병으로 신음하자 극진한 병간호로 천수를 누리게 해 '가선대부 호조참판'을, 그의 아들 백진석은 부친이 중병으로 신음하자 한겨울에 얼음을 깨어 잉어를 잡아다 복용케 함은 물론 3년 동안 시묘살이를 하여 '가의대부 중추부사 내부협판'을 각각 제수받은 효자입니다. 효자 백행량, 백응만 부자 역시 효심이 지극하여 부모가 돌아가시자 시묘살이를 하는 등 충, 효, 열의 근본을 세운 인물들입니다.

그런데 전주의 명물 '수원백씨 효자문'이 전주시민들과 관계 당국의 무관심 속에 각종 쓰레기들로 인해 종종 심한 몸살을 앓고 있습니다. 그런데 갈비탕 상호를 효자문으로 지은 사장은 옛일을 알고 있을까요. 특히 비각 앞에 음식물류 폐기물 전용수거 용기가 자리하고 있는 가운데 관계 당국의 경고문이 버젓이 부착, 백규방, 백진석 부자와 백행량, 백응만 부자의 4대 효심을 무색케 하고 있습니다.

이곳을 방문해보니 음식물류 전용 수거 용기에선 파리들이 들끓고 있었으며, 그 바로 옆엔 양심을 상실한 듯 비규격 봉투의 일반 쓰레기들이 넘쳐 남은 물론 간장통, 깨진 유리, 나무통 등이 제멋대로 놓여있었습니다.

거리낌 없이 쌓이는 각종 쓰레기들은 도무지 끝간 데 없었습니다. 효자비 안쪽을 바라보아도 사정은 마찬 가지. 담배꽁초와 라이터, 일회용 컵, 종이 등 일반 쓰레기들이 봄바람과 함께 이리흔들 저리흔들 요동을 치고 있는 모습입니다. 사정이 이와 같은 데도 당국의 관계자들이 나와 단속을 하는 모습도, 수원백씨 문중의 인사가 제지하는 광경은 카메라 후레쉬가 터지는 취재 과정에 전혀 찾아볼 수 없었습니다.

더군다나 효자비 정중앙 앞에 누군가가 가져다 놓은 것으로 보이는 주차금지 팻말이며, '수원백씨 효자비' 안내문 바로 옆엔 개방 화장실 팻말 등 거슬리는 주변 풍경들이 하나 둘이 아닙니다. 수시로 이곳 앞을 임시 주차장처럼 쓰고 있는 일부 얌체 운전자들의 비뚤어진 교통의식도 전주의 명물을 가리는 방해자들입니다.

더욱 안타까운 것은 효자 정려각이 내려진 연대가 기록마다 서로 달라 전주에 살고 있는 우리들을 부끄럽게 만들고 있습니다. '수원백씨 효자비' 안내문엔 "백규방白奎邦 효자 정려각은 1872년, 백진석白晋錫 효자 정려각은 1908년, 백행량白行良, 백응만白應晩 효자 정려각은 1871년과 1905년에 각각 건립되어 오늘에 이르고 있다."고 기록됐지만 한글학회에서 1981년 발간한 『한국지명총람의 전북편』엔 1785년, 1905년, 1788년, 1784년으로 각각 적혀 있습니다.

근래에 모습을 감춘 '전주 한옥마을(http://hanok.jeonju.go.kr)' 사이트는 "백규방 효자 정려각은 1872년, 백진석은 1908년, 백행량, 백응만

수원백씨 효자 정려각

효자 정려각은 1871년과 1905년에 각각 건립됐다."고 소개하고 있지
만 전라북도, 전북향토문화연구회 2000년에 발간한 『전북의 정려, 충
효열비』엔 1872년, 1905년, 1875년, 1871년으로 정려한 것으로 기록이
서로 맞지 않고 있습니다. 이 사이트는 백진석을 백진성으로 기록하는
등 오·탈자가 한두 개에 그치지 않고 있음을 확인할 수 있었습니다.

　그동안 '수원백씨 효자비'의 연구 조사가 제대로 이뤄진 바 없으며,
후손들에게 귀감이 될 수 있는 차원으로 다뤄지지 않았음을 증거, 정신
문화를 소홀하게 다루는 전주의 한 단면을 고스란히 반영하고 있는 오
늘입니다. 실제로, '백규방효자비'는 서체가 뛰어나고 역사가 오래된
것으로 알려져 현재 성균관대학교 박물관에 탁본이 소장되어 있으며,

탁본 연대는 1970년대로 추정되고 있습니다.

효자비 바로 옆에서 장사를 하고 있는 이모 주민은 "이곳은 일년 내내 전주시민들이 마구 버린 쓰레기로 인해 청결할 틈이 전혀 없다."며 "4대째 효행을 한 기록은 한 고을의 모범 차원을 뛰어 넘어 훌륭한 본보기가 되고도 남는 만큼 다른 장소로 이전을 해서 정식적 가치로 활용되거나, 또는 문중과 관계 당국이 책임을 지고 제대로 관리를 했으면 한다"고 말합니다.

이처럼 4대에 걸쳐 효자문을 하사받은 효의 집안이 수원백씨 은진공파 전주문중입니다. 집안의 분위기를 살펴보면 일을 많이 하는데에도 불구하고 절대로 드러나지 않는 것이 이 가문의 며느리의 역할입니다.

임실 영모재 꽃담

임실의 '영모재永慕齋'도 학인당과 관련을 갖습니다. 보통, 재의 이름을 '영모'로 지은 것은 자손들이 조상의 묘소를 반드시 영원히 사모하고 잊지 않도록 하기 위함인 것 같습니다. '영사永思' 즉, '오래토록 생각하며 가슴속에 새겨둔다'는 『서경』의 「대고편」의 내용으로 민간에서 조상이나 선현을 모시는 사당에 영모당, 또는 영모재로 뜻이 옮겨져 쓰이게 된 듯합니다.

그러므로 어린 내가 길이 어려움을 생각하니永思 아! 진실로 어리석게 날뛰면 홀아비나 과부들이 가엽게 되겠지만 내가 하는 일은 하늘이 시키신 것이다. 내 몸에 큰일을 물려주고 어려운 일을 던져주시니, 어린 나는 스스로를 돌볼 겨를이 없다

'영모'의 진정한 뜻은 마음에 근본을 두고, 집에다 외형적인 것을 나타내어 말함은 더 이상 재론의 여지가 필요없습니다. 영모재에 들어오면, 황홀하게 돌아가신 부모를 뵙는 듯, 몸소 실천하는 만큼 영원히 사모하는 것 아닌가요.

후손들의 영모하는 것 또한 이와 크게 다를 바 없어, 아버지의 업을 또 자식이 이으니 영원히 사모하는 것은 가시밭길을 걷는 것과 같습니다. 한 사람이 세상을 등지고 죽더라도, 그 정신은 천년만년의 다리를 놓으니 종교와도 크게 다르지 않을 터입니다.

시간이 유수처럼 흘러감 때문인가요. 영모재의 '정부인여산송씨' 여각은 온데 간데 없고, 달랑 '묘갈명 병서'란 비 1기와 함께 키가 훤칠한 은행나무 2그루, 그리고 속절없이 우니는 매미들의 합창이 전부입니다. 그래도 흙담의 4곳(담장 입구 좌측 2곳, 오른쪽 1곳, 옆 담장 1곳)에 꽃담이 존재해 다소나마 위안이 됩니다.

암키와 20여 장을 이용해서 만든 둥그런 꽃들을 모두 헤아려보니 모두 18송이. 둥근 꽃들은 참으로 아름답지만 너무 반듯반듯한 그 아래의 암키와들로 인해 투박한 맛은 그다지 없다는 느낌입니다. 이곳의 꽃담은 살아있는, 생생한 '효자도'입니다.

영모재 꽃담을 현실로 보여준 사연이 있습니다. 최근 들어 전주 학인당 소장 수원백씨 가문의 유물 15점을 전주역사박물관에 기증, 기탁

돼 앞으로 일반에 공개될 예정입니다. 학인당(백락중의 증손자)으로부터 기증된 유물은 고종 때 효자로 이름난 학인당의 주인공 백락중이 그의 어머니 여산송씨를 모셨던 영모재(1905~2003년)에서 나온 것입니다.

학인당이 3년 동안 잘 보관하고 있다가 기증을 결정했으니 흐르는 피는 시대의 흐름에 상관없이 오늘날에도 아름다운 '효심의 꽃송이'로 결실을 맺게 될 날만 남았습니다. 재실의 건물이 지난 2003년 재실 보수의 어려움과 집안 사정 등으로 경상북도 경산시에 매각됐지만 남겨진 현판을 잘도 보관한 정성에 넉넉한 효심도 읽을 수 있습니다.

'열녀가의대부증내부협변효자백진수처정부인여산송씨지려烈女嘉義 大夫贈內部協辨孝子白晉洙妻貞夫人廬山宋氏之閭'라고 쓰인 현판은 문양이 수려할 뿐만 아니라 수원백씨 가문에서 일궈낸 효행을 엿볼 수 있는 귀중한 자료입니다. 백락중의 효심을 보게 하는 내용들과 함께 '무궁지사야 위지명기無窮之思也 爲之銘其', '영모永慕', 즉 '영원히 흠모한다'는 뜻을 나타낸 비 앞에 서 있습니다.

전주 삼천동에서 임실로 옮긴 김복규, 김기종 효자

임실에 가면 추사 김정희가 쓴 '김복규·김기종효자 정려비 및 정판金福奎·金箕鍾孝子旌閭碑 및 旌板(전북 유형문화재 제144호)'을 만날 수 있습니다.

김복규는 효심이 지극한 이로, 16세에 부친상을 당했습니다. 하지만 묘지를 정하지 못한 채 밤낮으로 슬픔을 이기지 못했습니다. 그러던 중

꿈에 나타난 도사가 일러준 대로 약을 구해 아버지께 다려드리니 다시
깨어나 천수를 누리게 됐습니다. 그의 아들 기종 역시 아버지에 대한
효가 지극했습니다. 부모상을 당하자 3년간을 묘 옆에 초막을 짓고 살
며 애통해 했습니다. 그 때의 울음소리가 마치 호랑이의 울음소리 같았
다고 해서 마을 이름을 '호동虎洞'으로 바꾸어 부르게 되었다는 이야기
가 전합니다.

> 임실 효충서원(임실읍 정월리) 내 정려각에 우뚝 서 있는 '김복규·김
> 기종 효자정려비 및 정판'은 전북 유형문화재 제144호로, 조선 철종
> 때의 김복규, 김기종 부자의 효행을 기리고 있는 문화유산이다 (…)

 김태진 작가는 삼천동에 있던 문화재 효자비각이 사정상 임실로 옮
겨지게 되었는데 효자비각이 제자리를 찾길 바라는 마음으로 소설《모
악산》을 기획했다고 합니다. 개발을 이유로 문화재의 본뜻과 달리 엉
뚱한 곳으로 옮겨 버린 나라의 행정이 어처구니없지만 이제라도 점잖
은 양반문화가 융성했던 전주에 효자비각을 제자리에 세워 놓고 전주
시의 긍지를 살렸으면 바람입니다.

 이 비가 임실로 시집살이를 간 것은 1981년 전주도시계획에 의거,
아파트가 지어지게 되자 당시 김해김씨 문중의 총무를 맡은 김재두(작
고)씨가 여러 장소를 물색하다가 그 곳을 택한 것으로 알려지고 있습니
다. 또, 이들 문중 어르신들은 얘기 속 '호동虎洞' 마을을 소양과 용진
사이에 있는 예비군훈련장 인근으로 보고 있지만 정확한 것은 아니라
는 사실을 알게 됐습니다.

참으로 추사는 해동의 보물이야. 명필 중의 명필이지. 이곳 효자비 각은 김 참판의 조부와 증조부 두 부자의 지극한 효성을 기리기 위해 철종대왕이 효자비를 하사하시고, 비각과 비문은 당시 대교로 있던 추사 김정희에게 쓰게 하였던 것이다. (…) 효자비각을 중심으로 주위 에는 제실과 서원 등을 관리하고 운영하고 있는 사람들이 몰려 사는 이십여 호의 작은 마을이 있었는데, 이 마을을 옆에 있는 효자비각을 따서 효자골이라고 불렀다.

저자의 자전적 이야기이기도 《모악산》은 전주 사대부들이 조선왕 조가 붕괴되는 시점에서, 긴 어둠의 터널을 걷듯 슬프고 아픈 그들의 삶을 그려낸 작품입니다. 액자소설인 《갑오국》을 끼어 넣어 전주 사 대부의 삶을, 본 소설에서는 전주사대부 후예들의 삶을 그리고 있습 니다.

소설의 주인공인 소년 금아를 중심으로 해방직후와 6.25전쟁을 거 치면서 인공치하에서 지주가 매를 맞는 등 조선시대였다면 감히 상상 도 못할 상황들이 조선왕조의 마감과 함께 평민으로 전락해 버린 전주 사대부 후예들의 암담하고 절망스러운 모습을 자세하게 표현하고 있습 니다.

전주 한옥마을을 방문할 때면 효자 편지를 쓰게 한다거나, 효자 전 화를 할 수 있는 곳으로 따로 만들 수는 없나요. 물론 핸드폰이 있지만 요. 한국의 자랑스러운 문화의식과 효문화가 어우러지면 물질적 풍요 가 초래하는 정신적 황폐와 인간상실의 현실을 극복할 수 있지 않나요.

정철의 〈안민가〉처럼 "어버이 살아계실 제 섬기기를 다하여라. 지나

간 후면 애닯다 어이 하리. 평생에 고쳐 못할 일은 이 뿐인가 하노라"
를 신조로 살았으면 좋으련만. 그러나 우리들은 인간인지라, 바람과
나무의 탄식이란 말로, 효도를 다 하지 못한 자식의 슬픔과 아쉬움이
없이 '풍수지탄'하지 않고 살았으면 더없이 좋으련만. 임실 영모재의
낡을 대로 낡아 빠진 꽃담이 소근소근 얘기하고 있습니다.

전주향교 다섯 그루 은행나무,
노릇노릇 익어가네요

　당신 닮은 은행나무가 참으로 곱디 곱습니다. 세상사, 은행나무처럼 노릇노릇 익어갈 수만 있다면 얼마나 좋을까요. 전주향교의 나뭇잎 사이로 보이는 햇살도 눈부십니다. 왜 향교에는 꼭 은행나무가 있을까요. 공자가 제자들을 가르치던 곳에 은행나무가 있었는데, 후세 사람들이 이를 행단이라 부르고 이를 심어 유교적 공간임을 상징적으로 알렸다고 합니다. 또, 공자가 강의를 하는 곳을 '행단杏壇'이라고 하지요. 한자로 은행나무 행杏자보다 살구나무 행杏자로 많이 알려져 있지만 은행나무는 공자의 학문을 가르치고 배우는 곳을 의미합니다.

　한때 전주향교는 〈성균관스캔들〉을 촬영하던 날이면 어린 소녀 팬들이 몰려들어 뜨겁게 몸살을 앓았습니다. 꽃미남 유생들의 우정과 사랑 이야기가 파노라마처럼 향교 안을 여전히 맴돌면서 2014년 일본인 일본의 여성 한류팬들이 '가장 가보고 싶은 한국의 드라마 촬영지'로 전주향교를 뽑았습니다. 전주는 한옥마을과 지역 대표음식인 비빔밥, 콩나물국밥 등으로 유명하며 최근 일본인 관광객들 사이에서 주목받는 여행지가 아니던가요.

소슬해진 전주향교에 들러 명륜당 툇마루에 걸터앉습니다. 힘겹게 생명을 버텨온 늙은 은행나무에 나도 등을 기댑니다. '낙엽귀근落葉歸根'이라 했나요. 중국의 선종사서 중 하나인 『전등록』에 나오는 말로 낙엽은 지지만 낙엽 자체가 사라지는 것은 아니라는 의미입니다. 열반에 들 때 '떨어지는 잎사귀는 근본으로 돌아가고 돌아올 때를 기약할 수 없다'고 말한 데서 유래된 말이지요.

낙엽을 쓸며 연초록 어린잎으로 피어나던 보드라움과 노랗고 붉은 빛으로 물든 마른 낙엽 사이에 하나의 태어남과 돌아감을 봅니다. 아마 짧다면 짧은 시간이고 길다면 참으로 긴 시간이었을 여름의 비바람과 태풍 속에서도 의연하게 자기 자리에 머물다가 그 역할을 다 해내고 뿌리로 돌아가는 모습이 수행하다가 인연이 다해 홀연히 몸을 벗고 가는 청정한 수행자의 모습을 닮았습니다. 혹은 지역사회에 그동안 모은 돈을 환원해야 하겠다는 사람, 멋진 낙엽이 돼 고향에 뿌리를 두겠다는 사람들의 모습은 아닐런지요.

전주시가 2015년도 시민들이 가을 낙엽을 밟으며 계절을 음미할 수 있도록 '걷고 싶은 낙엽길'을 운영했습니다. 10월 26일부터 11월 15일까지 3주간 한옥마을과 덕진공원 일원, 전주 자연생태박물관, 장승배기로, 백제대로, 나들목 가족공원과 도로공사 수목원 등 6곳을 걷고 싶은 낙엽길로 지정 운영했습니다.

전주향교와 경기전이 있는 한옥마을 일원은 은행나무와 느티나무,

덕진호반과 전주동물원이 있는 덕진공원 일원은 단풍나무 등 5종, 전주 자연생태박물관은 느티나무 등 5종의 나무에서 떨어진 낙엽을 밟으며 산책을 즐길 수 있었습니다.

또 전주시 평화동 꽃밭정이네거리에서 삼천동 우성그린아파트간 장승배기로에서는 느티나무와 은행나무, 효자광장에서 비사벌아파트간 백제대로에서는 은행나무·느티나무·단풍나무, 전주 나들목 가족공원과 도로공사 수목원에서는 느티나무·단풍나무·왕벚나무 등의 낙엽을 감상할 수 있었습니다. 거리 청소 때 낙엽은 쓸지 않고 관리해 이곳을 지나는 시민들이 가을의 정취와 낭만을 느낄 수 있도록 했습니다.

사람의 영혼도 단풍져 아름다우려면, 고통이 많으면 많을수록 더 아름답게 단풍진다는 사실입니다. 사랑이 크면 클수록 고통도 큰 것처럼 말입니다. 그래서 겨울은 반드시 필요합니다. 무질서한 애착과 교만을 내려놓는 작업이 바로 우리 삶속에 다가오는 고통 중에 통과해야 할, 그 기나긴 시간들이 바로 '영혼의 겨울나기'입니다. 당신은 돌아갈 곳을 정하셨나요? 전주의 가을은 안단테입니다. 슬로시티입니다.

전주향교 다섯 그루 은행나무

전주향교 다섯 은행나무엔 재미있는 이야기가 전해지고 있습니다.

아주 오래 전, 이곳에 다섯 친구가 살았습니다. 세 명은 먹고 살기 힘들 정도로 가난한 집안 출신이고 두 명은 부잣집 아이었습니다. 하지만 이들은 집안 환경에 개의치 않고 서로의 우정을 과시합니다. 어느

전주향교 은행나무

날 과거 시험을 보기 위해 서울로 갈 상황이 됐지만 가난한 세 친구는
여비가 없어 엄두를 내지 못했습니다. 이를 본 부잣집 한 친구는 이들
의 여비를 위해 서울까지 동행하고, 또 한 친구는 가난한 친구들의 가
족을 보살피기로 작정합니다.

　결국 가난한 세 친구들은 모두 과거에 급제하게 됐고, 전주에서는
이것을 축하하기 위한 잔치까지 열리게 됩니다. 다섯 친구들은 향교를
찾아 각자 자신들의 나무를 심고 죽을 때까지 귀감이 되는 사람으로 살
겠다고 맹세를 하게 됩니다. 하지만 이상스럽게 향교 은행나무 다섯 그

명륜당의 은행나무

루 가운데 세 그루는 은행이 열리고, 두 그루는 열리지 않는다고 합니다. 이를 본 후세 사람들은 은행이 열리는 세 그루는 늘 받기만 한 가난한 친구들이 죽어서도 다른 사람들에게 베풂을 행하는 것이고, 늘 베풀었던 친구 둘은 죽어서는 친구들의 베풂을 자랑스럽게 바라보라는 뜻으로 여기고 있습니다.

맞습니다. 전주향교엔 기본 수령이 300년 이상인 은행나무 5그루가 있습니다. 가장 수령이 오래 된 나무는 향교 내 서무 앞 은행나무로 400여 년이 됐고, 명륜당 앞 나무는 380년에 가깝습니다. 또, 동무 앞

은행나무는 350여 년, 대성전 우측 나무와 일원문 앞 나무는 각각 250
여 년을 자랑합니다.

이 나무들은 모두 1982년 9월 20일 보호수로 지정됐습니다. 나무마
다 조금씩 크기와 높이는 다르지만 평균적으로 길이 10m, 둘레 5m 규
모를 유지하고 있습니다. 이 중 명륜당 앞 은행나무는 놀이 20m, 둘레
6.3m를 자랑합니다. 아마도 예전 이곳에서 공부하던 학생들은 이 나무
들을 바라보며 학문에 대한 열정을 태웠으리라. 아니, 은행나무처럼 벌
레가 슬지 않기를 다짐하면서 관직에 진출할 유생들이 부정에 물들지
말라는 뜻에서 주로 향교에 심은 것은 아닐런지요.

전라관찰사 장만張晩(1566~1629)이 재임한 1603년(선조 36년)에서
1605년(선조 38년) 사이에 전주향교를 이건移建, 지금의 자리로 옮길 당
시, 목수 이수연씨가 심은 나무 세 그루 가운데 가장 오래된 장수 거목
이라는 연혁이 지금도 남아있습니다.

경기전과 최씨종대의 은행나무

전주 경기전 정문 옆 은행나무는 250수령의 나무로, 신분이 천한 거
지의 애틋한 사랑이 깃들어 있습니다.

어느 날 젊은 거지는 양반 댁 딸을 보고 그날로 반하게 됩니다. 목숨
을 걸고 양반집 딸에게 자신의 사랑을 고백하기 위해 찾아갔지만 딸은
자신을 겁탈하러 온 건달인 줄 알고 자결하고 맙니다. 젊은 거지 역시
양반 딸이 없는 세상은 무의미하다며 자신의 목숨을 하늘에 던지게 되

는데, 이후 거지들은 저승이라도 이 둘의 사랑이 이뤄지라는 의미에서 은행나무를 심게 됩니다. 세월이 흘러 은행나무에서 많은 은행이 열리자 거지들은 두 사람이 만나 결실을 맺을 것이라 생각하고 기뻐했다는 이야기입니다.

최근에는 극단 까치동이 전주 한옥마을의 대표적인 설화를 바탕으로 한 달콤 쌉쌀한 연극 〈교동 스캔들〉과 〈은행나무 꽃을 아시나요〉를 무대에 잇따라 올렸습니다. 모든 여인네들이 상사병을 앓을 만큼 남자다운 기상이 넘치는 인물 최덕지. 그런 덕지의 사랑을 한 몸에 받는 여인 이화. 그 둘의 달달한 사랑이야기가 유쾌한 재미와 감동으로 재탄생되었습니다.

은행나무가 늘 사람들 곁에서 자라듯이 여전히 은행나무에 깃들여 사는 사람들의 이야기를 작품화 한 것으로. 어느 봄날의 설레고 유쾌한 사랑이며, 아련한 꿈결 같은 사랑이야기입니다. 한옥마을을 배경으로 예전에 인연을 맺지 못한 남녀가 다시 만나 진정한 사랑의 의미를 깨닫고 사랑을 이루는 이야기로 그 사랑의 매개는 600년 된 은행나무입니다.

이 은행나무는 한벽당을 지었다는 최담이 심었다는 설이 있지만 극중에서 최덕지와 그의 처 이화의 넋이 깃들은 나무로 표현했습니다. 나무와 연관된 전설이나 이야기는 언제나 어떤 슬픔과 맞닿아있는 것 같습니다. 이는 나무는 언제나 그 자리를 지키고 있으면서 아픔과 즐거움, 사랑과 증오로 점철된 인간들의 희노애락의 기막힌 상황을 말없이 지켜보며 인내하는 것처럼 보이기 때문은 아닐런지요.

동학혁명기념관 앞 은행나무는 조선왕조 500년 흥망성쇠를 아로새긴 노거수이자 한옥마을의 터줏대감입니다. 키 16m에 둘레 5m 남짓

한 다부진 체격에 학이 날개를 펼친 형상으로, 현재 전주 최씨 중종 관리 아래 있습니다.

더욱이 600살을 훌쩍 넘긴 고령을 무색케 늦둥이까지 낳은 회춘목입니다. 뿌리 근처에서 5년생 은행나무가 자라는 것을 발견한 전주시는 다른 은행나무 씨앗이 날아와 자랄 수 있어 DNA 검사까지 의뢰하며 화제를 모았지요. 산림과학원은 검사 결과 두 나무 유전형질의 일치를 확인했고, 또 씨앗에 의한 발아가 아니고 노거수의 뿌리에서 직접 돋아난 '맹아묘'인 것으로 판정됐습니다. 노거수에서 어린 나무가 태어나는 것은 매우 드문 경우로 늙은 은행나무가 회춘한 셈입니다.

그 시작은 고려 말까지 거슬러 올라가야 합니다. 당시 관직을 버리고 고향 전주로 낙향한 월당 최담이 1383년(고려 우왕 9년)에 심었다고 전해집니다. 지금으로부터 약 630년 전쯤 일입니다. 아들 최덕지가 태어난 것을 기뻐하면서 심은 일종의 출생 기념수라고 하며, 그 곳이 바로, 전주 최씨가 자자손손 살아온 터(최씨종대)입니다. 그래서 전주최씨 종대 은행나무란 이름이 붙었습니다.

이 나무엔 생활이 어려워 글공부를 제대로 하지 못한 가난한 아이의 이야기가 깃들어 있습니다. 너무나 가난해 글공부를 하지 못한 아이는 이 곳 양반의 담벼락에 숨어 양반이 글 읽는 소리를 들어가며 도둑 공부를 했습니다. 이 사실을 알고 있는 양반은 짐짓 모른 체 했으며 심지어 책을 담 넘어 버려가며 아이의 공부를 도왔습니다. 결국 아이는 양반의 도움으로 장원급제를 하게 됐고, 이 사실을 알게 된 양반은 아이가 쪼그리고 앉아 도둑공부를 했던 자리에 은행나무를 심어 공부에 대한 아이의 열정을 후손들에게 잊지 말 것을 당부합니다.

향기로운 난초 보배로운 나무는 기묘한 꽃을 씩튀우고

춤추는 봉황새 뛰어오르는 용은 지축을 선회하는 구나

북두칠성 별들은 봄을 기다리며 북극성을 떠받들고

훌륭한 문장가는 비가 되어 남쪽 끝까지 적시네

자꾸만 나무 뒤레 자리한 화수각(전주최씨의 일가를 표현한 종가집)의 글귀가 자존심을 지키려면 적어도 600년의 세월을 잘 간직하라고 종용하는 눈치입니다.

옛 은행나무길의 은행나무

전주시 옛 은행나무길 도로변에는 80여 년 된 은행나무 한 그루가 길가로 튀어나와 가는 차량을 막고 있습니다. 이 은행나무는 원래 600년 된 한 그루의 나무가 서 있었던 바, 전주부성 사람들은 이 나무를 신목神木으로 불렀습니다. 이곳에 재물을 차려놓고 가정의 행복을 기원하기도 했습니다. 하지만 1910년 한일합방으로 인해 일본 사람들이 대거 몰려와 하수구공사를 하면서 1919년 11월 8일 도끼로 찍어냈다고 전합니다.

이후 2개월 여 동안 은행나무의 신령이 나타나 매일 밤마다 나타나 울어대고, 난데없이 큰 불이 일어나 주변 일대를 초토화 시켰다고 합니다. 이처럼 되자 이는 신목의 조짐이라고 해서 그 은행나무를 배어낸 자리에 다시 한 그루를 심어 신령을 달래는 제사를 지냈다고 전합니다.

걷고 싶은 낙엽길

김진돈 전주문화원 사무국장은 "그런데 그 이듬해 경오년(1930년) 늦은 봄, 5월에 접어들자 마자 돌연 그때 나무를 벨 때 입회하였던 스즈끼鈴木 기수가 갑자기 급사를 했고, 연이어 이 골목에서 변사자와 급살을 당하는 사람들이 속출했다. 현재 그 자리에 서 있는 은행나무는 안 좋은 사건이 많이 일어나자 다시 심은 것으로 과거의 아픈 추억을 간직해 골목 수호신 역할을 담당하고 있다. 바로 옆에 건물이 있으므로 도로 쪽 공간으로 비스듬하게 자라면서 이곳을 찾는 사람들에게 다정한 인사를 건넨다"고 말합니다.

전동성당 은행나무

전동성당의 은행나무는 350여 년의 수령을 간직한 비지정 보호수로, 동쪽 넓은 공간에 자리하고 있습니다. 굵은 줄기가 5개 정도 오르다가 부부처럼 연인처럼 연리지連理枝 즉 한 나무와 다른 나무의 가지가 서로 붙어서 나뭇결이 하나로 이어진 것처럼 사이좋게 중심에 버티고 있으며, 옆에는 잔가지가 10여 개 옆으로 퍼져 있습니다.

이곳의 굵은 줄기는 바로 연인 나무입니다. 오른쪽은 남자를 상징하며, 왼쪽은 여자를 상징합니다. 왜 그런지 그 형상을 보면 짐작이 될 거예요. 누구와 전동성당을 걷고 있나요? 두 손은 꼭 잡고 있나요? 그렇다면 이 길을 끝까지 걸으셔도 좋습니다.

당신께 찾아온 당신의 연인과 두 나무를 이어주며 전동성당을 힘차게, 아니 낭만적으로 걸으십시오. 이어진 인연의 길이 닿아서 당신께 머무를 것입니다. 이 세상에서 가장 좋은 길은 그 어느 누구의 길도 아닌, 당신의 여인과 함께 발자취를 남기면서 걸어가는 바로 이 길입니다.

오래 전, 전동성당에 큰 홍수가 났을 때, 한 그루의 은행나무가 떠내려 오다가 센 물살에 가지가 서로 두 개로 갈라지게 되었습니다. 둘로 나뉘어도 하나의 심장으로 살아가야 하는 게 사랑이요. 둘로 나뉘어도 하나의 눈으로 바라보는 게 사랑이요, 둘로 나뉘어도 하나의 길을 선택하게 되는 게 사랑이 아닐까요?

보통은 두 개의 몸이 만나 하나의 몸이 되는 것을 사랑이라고 하지요. 그런데 이 나무를 보니 이런 생각이 드는군요. 원래 하나였던 몸이 나누어진 반쪽을 찾아가는 것이 사랑이라는 생각이 듭니다.

몸 하나에 두 머리를 달고 살아가는 새가 있으니 공명조共命鳥입니다. 두 개의 머리가 서로 도우며 살아야 하는 운명을 갖고 태어난 것이죠. 하지만 늘 그렇듯이 행복한 일보다는 불행할 일이 더 많은가 봅니다. 서로를 시기하며 질투하며 미워하던 두 개의 머리는 사이가 좋지 못해 마침내 상대방에게 독약을 먹여 죽게 만들었습니다. 공멸조共滅鳥가 되는 건 순식간입니다.

그래서 나도 한 치 앞도 모르는 게 내 마음이 아닐런지요. 혼자 잘 살 수 있을까요? 미워하는 마음이 자신을 불태워 그렇게 된 것이지요. 서로를 이해하려는 마음보다 서로를 질시하는 마음이 더욱 커져 세상이 극과 극을 향해 치닫고 있는 것인지도 모르지요. 진정으로 더불어 사는 사회가 되려면 배려가 필요한 까닭입니다.

비익조比翼鳥는 암컷과 수컷의 눈과 날개가 하나씩인 새입니다. 서로 짝을 이루지 못하면 날지 못합니다. 둘이서 열심히 날개를 퍼득여야 잘

날 수 있는 것이지요. 눈도 하나뿐이니 서로 열심히 좌우를 살펴야 함이 마땅합니다. 생각은 달라도 마음을 하나로 합해야 하는 일이라서 참 어렵기만 합니다.

그래서 백성은 군주를 잘 만나야 하고 군주는 백성을 잘 만나야 하며, 학생은 교사를 교사는 학생을, 여자는 남자를 여자는 남자를 잘 만나야 합니다. 당신은 공명조같은 역할 잘 합니까. 혹여 이기심 많은 비익조 부류는 아닙니까. 가릉빈가迦陵頻伽는 사람의 머리에 새의 날개를 하고서 천 년에 한 번 운다고 합니다.

전주향교의 섬돌 밑에서 청아한 목소리로 울어대는 귀뚜라미 울음소리가 가까운 발치에 가을이 오고 있음을 알려주고 있습니다. 길가에 피는 코스모스도 좋고, 드높은 하늘 코발트색 청량함과 가을이 주는 '원숙한 느낌' 자체가 좋군요. 가을이 다가왔으니 우리 모두가 바라는 좀 더 나은 세상이 올 수 있을까요? 그렇게 뜨거운 열기 속에서도 타오르는, 진실을 갈망하는 외침이 멈춰지지 않기를 기대하며 읊조려 봅니다.

가을이 오면
그동안 입으로 전하지 못한 말
가슴으로 말하게 하소서.

가슴 속 뜨거운 언어
끄집어 내어
당신의 두 눈에 얹혀
그리워 할 마음 생기게 하소서

오늘처럼 사랑하고 그리워 할 수 있게

부르고 싶은 이름, 당신이게 하소서.

발효된 전주의 가을처럼 타닥타닥 잉걸불처럼 당신 앞에 구김살없

이 타오르게 하소서.

한걸음, 한걸음, 가을이 익어가는 소리가 들리는 오늘. 맑고 높은 하늘 살랑살랑 소슬한 불어오는 바람을 타고 더욱 짙은 발효의 향기가 짙게 묻어납니다. 한가위를 앞둔 길목에 서서 변함없는 마음으로 쾌청한 가을이 주는 상쾌함과 풍성함이 넘실거립니다. 파란 가을 하늘에, 쪽빛 바다에 행복과 아름다운 사랑을 담아두는 기분 좋은 날이 되기를 바랍니다.

가을날 금화金貨처럼 흩날리는 은행잎도 장관입니다. 더욱이 비 내리는 날이면, 검은 나무기둥에서 풍겨오는 수백 년 묵은 향이 마당의 아름드리 은행나무를 감싸고 돌아 코끝을 건드립니다. 바로 지금, 세월에 멍든 가슴 한편에 삼켜야 했던 고인 눈물을 흐르는 바람에 띄우렵니다. 반짝이는 햇살에 내 모습이 초라해 보여도 가슴으로 함께 웃어주는 순수한 사람들과 바람이 참으로 살갑게 다가오는 오늘, 그 길을 나란히 걷고 싶습니다.

전주향교에서 좋은 사람들과 도란도란 담소 나누면서 즐거운 마실을 맘껏 즐기세요. 바람이 참 좋은 날이면 고요한 선율이 흐르는 바람이 되어 당신과 향교 뜨락을 서성이고 싶습니다.

이상진의 회화나무,
청백리의 상징

자연 속에 머물다보면, 제 마음도 저녁 노을빛만큼 아름다워집니다. 우리는 단풍이 참 아름답다고 말하지만, 나무의 입장에서 보면, 뿌리에서 물을 끊어버리고, 타는 목마름 속에 엽록소가 파괴되면서 마지막 숨을 토해내는 것이 단풍의 빛깔입니다. 얼마나 처절한 몸부림인지 모르지요. 하물며, 사람의 영혼도 단풍져 아름다우려면, 고통이 많으면 많을수록 더 아름답게 단풍진다는 사실입니다. 사랑이 크면 클수록 고통도 큰 것처럼요.

무질서한 애착과 교만을 내려놓는 작업이 바로 우리 삶 속에 다가오는 고통 중에 통과해야 할, 그 기나긴 시간들이 기다리고 있습니다. 누구나 그리움 하나 가슴 속에 묻어놓고 삽니다. 한옥마을에 어둠의 그림자가 나를 감싸니 그리움의 빛깔이 내 눈에 아련거립니다. 그리움은 꽃잎 따라 밀려오지만 아직 못다온 까닭에 창밖을 바라봅니다. 가슴의 빗장 열고서 속으로 당신 향한 모진 그리움을 빗물처럼 쏟아내봅니다.

'이별'의 인사조차 나누지 못했는데, 이 단어를 풀이하면 '이 비 그치면 정녕 별이 되나요?' 인가요. 그 길 위에, 별빛으로 행복으로 향하는 길을 밝혀주시길. 언젠가 나도 그대처럼 별이 되어 빛나고 있었음을. 떠나는 것은 다시 선택한 길을 가는 것, 그 길에는 새로운 사유思惟의 별이 뜹니다. 인생에서 그리움의 대상이 되는 것은 스쳐 지나간 것들입니다. 그리움은 스쳐 지나간 것들에 대한 여운이고 그림자입니다.

길 위에 있어도 길이 그립습니다. 꿈을 꾸었습니다. 무엇보다도 눈부시게 누구보다도 빛나게 그런 꿈을 꾸었습니다. 그런 꿈 왜 꾸었을까요. 작게 살아가라는 것인가요.

하지만 여행을 떠났던 분들이라면 늘 겪게 되는 일들이겠지만, 여행의 짧은 시간동안은 여유를 찾을 수 있을 거예요. 그럼에도 불구, 일상은 또다시 전쟁같은 경쟁의 연속일 뿐이더군요.

사람들은 모두가 그런가 봅니다. 일상에서 지치고, 지치다보면 여유를 찾고 싶어하고, 그 마음이 낯선 곳으로 떠나가게 되고, 낯선 곳에서의 여유가 다시 일상으로 회귀할 수 있게 하고, 삶의 반복인가 싶기도 합니다. 가본 길과 가 보지 않은 길, 모든 길은 그립습니다. 가본 길은 가봐서 그립습니다.

이상진 회화나무

회화나무는 우리 선조들이 최고의 길상목吉祥木으로 손꼽아 온 나무입니다. 이 나무를 집안에 심으면 가문이 번창하고 큰 학자나 큰 인물이 난다고 했습니다. 또 이 나무에는 잡귀신이 감히 범접을 못하고 좋은 기운이 모여든다고 했습니다. 그런 까닭에 우리 선조들은 이 나무를 매우 귀하고 신성하게 여겨 함부로 아무 곳에나 심지 못하게 했습니다.

회화나무는 고결한 선비의 집이나 서원, 절간, 대궐같은 곳에만 심을 수 있었고 특별히 공이 많은 학자나 관리한테 임금이 상으로 내리기도 했다고 하며, 모든 나무 가운데서 으뜸으로 치는 신목神木입니다.

회화나무가 길상목으로 꼽히게 된 것은 중국의 주나라 때부터입니다. 주나라 때에 삼괴구극三槐九棘이라 하여 조정에 회화나무 세 그루를 심었으며 우리나라로 치면 3정승에 해당하는 3공三公이 회화나무를 마주보며 앉게 하였고, 또 좌우에 각각 아홉 그루의 가시나무를 심어 조정의 대신이 앉게 하는 제도가 있었습니다. 이 회화나무를 심는 풍속 때문에 3공三公의 위位를 괴위槐位라 하였고 대신의 가문을 괴문槐門이라 불렀다. 또 회화나무를 심으면 출세한다고 하였고, 선비가 이름을 얻은 뒤에 물러날 때에도 회화나무를 심었다고 합니다.

회화나무는 약간의 논란이 있으나 중국에서 우리나라에 들어온 것으로 보입니다. 시기는 삼국사기 열전에 실린 해론奚論이 "백제의 침공으로 성이 함락되자 회화나무에 머리를 부딪쳐 죽었다"는 내용으로 보아 적어도 삼국시대 이전이 아닌가 생각됩니다.

전주에서 벼슬을 한 만암 이상진은 벼슬이 우의정에 올랐으며, 청백리로 유명한 사람입니다. 청백리淸白吏의 청淸은 맑은 물처럼 티없이 깨끗하다는 뜻이고, 백白은 다른 빛깔에 전혀 물들지 않은 흰색으로 때문지 않았다는 뜻이며, 리吏는 관리, 벼슬아치라는 뜻이에요. 그러니까 청백리는 깊은 산 속의 맑고 깨끗한 물처럼 세상의 더러움에 물들지 않은 깨끗한 관리라는 뜻이겠지요.

그의 생가터는 한옥마을 내 고하문예관 바로 앞에 자리하고 있으며, 정승목인 이 회화나무 한 그루는 400여 년의 역사를 간직한 채 청렴과 선비정신을 상징하는 불사조처럼 가지를 하늘을 향해 솟아 있습니다. 그는 심요십조心要十條를 실천한 참 선비였다는 기록이 많이 나옵니다. 선조들은 공인公人이 지켜야할 심요십조心要十條라는 윤리강령을 만들었습니다.

첫째는, 관리官吏는 관물官物즉, 관공서의 물건을 개인용으로 사용치 않았습니다. 둘째는 녹祿, 즉 월급을 받는 동안은 백성이 하는 영업을 하지 않습니다. 셋째는 벼슬 하는 동안은 논을 사지 않습니다. 오해를 받기 때문일 것입니다. 넷째는 벼슬하는 동안은 집의 칸수를 늘리지 않습니다. 자기 주택을 증축하지 않는다는 뜻에 다름 아닙니다.

다섯째는 집을 팔고 사는 일이 있어도 산값에다 더얹어서 팔아서는 안되고 또 판값에다 더얹어 사도 안됩니다. 요즈음 표현으로 하면 부동산 재태크를 하지 말라는 뜻입니다. 여섯째는 벼슬하는 고을의 특산물을 입에 대서는 안된다. 그당시 특산물은 희귀했기 때문입니다 .

일곱째는 벼슬하는 동안 상전집 문턱을 넘나들지 않습니다. 충무공 이순신 장군이 말직末職에 있을때 출중하다는 소문이 있어 이율곡 선생이 불렀으나 이에 응하지 않았다고 합니다. 여덟째는 관리는 아내의 청탁을 듣지 않습니다. 우리 속담에 있듯이 벼개머리 송사는 안된다는 뜻입니다. 아홉째는 상전이 요구한 완물玩物을 거절합니다.

열 번째는 벼슬하는 동안 큰 고을은 일곱 가지 반찬 작은 고을은 다

이상진 회화나무

섯가지 반찬을 상에 놓지 않습니다. 이런 규약은 가난했던 과거 농경사
회 에서나 가능했겠지만 지금도 규약의 근본취지만은 유효하므로 이곳
의 회화나무가 더없이 빛이 나는지도 모릅니다.

전라감영 회화나무

　60년째 모자를 파는 전주모자점을 보고 전주감영 터를 향해 걷습니
다. 옛 전북도청 자리입니다. 현관을 통해 안으로 들면 주차장입니다.
경비 아저씨가 말합니다. "암것두 읍서. 저 나무밖에." 170여 년(1867년
경 심었다는 기록이 보임) 된, 감영의 정청인 선화당 마당에 있던 회화나무
입니다. 선화당은 1951년 경찰 무기고 폭발 화재로 소실됐습니다. 회화
나무만 남아 시멘트건물에 둘러싸여 신음중으로 현재 전라감영 복원
작업을 하고 있었는데, 참으로 위태로울 지경으로 불도저의 기세가 너
무 당당합니다.

　　완산골 한복판에
　　옹골차게 자란 골몰
　　전라감영 상징물로
　　오직 하나 남아
　　호남의 벅찬 문물을 지켜보고 있었으니
　　풍상을 이겨내고
　　전란에도 끄떡잖고

널따란 뜰에 서서
창공을 꿰뚫더니
도청서 틈새에 끼어
시름시름 앓고 있네

　

고 조병희 시인의 〈회화나무〉처럼 전라감영 옛터였던 구 전북도청 자리에는 건물과 건물사이에 회화나무가 자리하고 있는 바, 1982년 보호수로 지정된 이 회화나무는 전라감영의 선화당 위치를 가늠할 수 있는 감영의 상징물로 전주객사에서 과거에 낙방한 선비가 회화나무로 환신했다는 정자목으로, 선비의 넋을 기리기 위해 전라감영이 이곳에 들어서게 되었다고 전해지고 있습니다.

후에 심어진 다른 나무로 인해 햇빛이 차단돼 고사 위기에 처하자 전문가를 초청해 700만원을 들여 외과수술을 하기도 했습니다. 지금은 전라감영 복원 작업이 한창 진행중인 가운데 모든 건물이 헐리워졌으며, 이 나무만 홀로 남아 조선의 역사를 증인하고 있습니다.

원래의 전라감영터 자리를 아시나요

매화꽃 핀 창 맑은 기운 먼 하늘에 이었는데
혼자서 거문고 안고 한밤중에 앉아 있네.
꽃필 무렵 거문고 가락 고요한 밤 쇄락한데
발 밖의 비바람 소리 이는 줄 모르겠구나.

난옹蘭翁의 시 〈응청당凝淸堂〉인데요.

이는 전라감사가 살림을 주관하던 집무실로, 동부화재 전주지점 앞 구 전북도청의 부속 건물 자리에 있었으며, 감사가 기거를 하면서 쉬던 연신당燕申堂이 함께 하고 있었던 바, 내아內衙(가족이 사는 곳)와 함께 구 전북도의회가 있었던 곳에 있었다고 합니다. 앞서 말한 회화나무는 바로 이 연신당의 회화나무로 전국에서 으뜸이 아닌가 생각됩니다.

전라감사를 전라관찰사라고도 하지요. 관찰사의 정식 명칭은 '전라도관찰사겸도순찰사병마수군절도사전주부윤全羅道觀察使兼都巡察使兵馬水軍節度使全州府尹'으로 부른답니다.

관아의 배치는 선화당宣化堂(조선시대 관찰사가 공무를 집행하던 감영의 주건물로, 선화당이란 "임금의 덕을 드러내어 널리 떨치고 백성을 교화하는 건물"을 의미)을 중심으로한 관찰사의 집무와 그 가족을 위한 건물군, 육방六房의 업무를 수행하기 위한 작청作廳을 중심으로 한 건물군, 감영의 전반적인 업무의 조화를 위한 영청榮廳을 중심으로 한 건물군으로 사각형의 부지에 자리했다고 고 유장우 씨가 말했던 기억이 납니다.

구 전주우체국 사거리, 아관원(중국집) 사거리, 성원오피스텔(구 중앙극장) 사거리, 중앙동 풍년제과 사거리의 4지점을 연결한 부지가 바로 그 자리로 알려져 있습니다. 전라감영의 정문은 포정루布政樓는 명견루(현 풍남문)가 보이는 구 전북도청 동쪽 경계와 전주완산경찰서 동쪽 경계를 잇는 경목선도로 중앙지점 즉 상공회의소 앞 사거리 중앙에 있었을 것으로 추정됩니다. 이 문은 1743년에 건축됐으며, 신문고가 설치돼 있어 백성들의 억울한 민원을 감사에게 직소하게 했던 바, 전라감영을 복원할 때 똑소리 나는 신문고를 설치해보면 어떨까요.

이 전라감영의 포정루 앞 도로를 팔달로八達路라고 불렀다고 해서 팔달문으로도 통합니다. 포정루를 지나 안으로 들어오면 남쪽을 향하여 서 있는 중삼문中三門이 나오고, 이를 들어서면 오른편에 비장청裨將廳 (감영에 소속된 인사들이 근무하는 곳)이 있고 내삼문內三門이 길을 버티고 있었습니다. 그 안에 선화당이 있었으며, 감사 부모가 거처하던 관풍각觀豐閣, 내아, 응청당, 연신당 등이 함께 했습니다. 전라감영 관아 중 현존하는 전주객사를 제외하고 최근까지 남아있던 건물군은 선화당을 비롯, 내아, 연신당, 관풍각, 응청당이었습니다.

선화당은 1951년 6.25동란중 화재로 없어졌으며, 다른 건물은 전북산업장려관(구 전북도의회)을 신축하면서 철거됐다고 전합니다. 선화당이 있었던 곳은 구 전북도청 후정의 주차장 공터로, 현재 전라감영 복원 사업을 하고 있는 곳입니다. 관풍각과 응청당은 동부화재 전주지점 앞 전 전북도청 부속 건물 자리이며, 내아와 연신당은 구 전북도의회가 자리하고 있는 장소였습니다.

육방의 업무를 수행하기 위한 작청을 중심으로 한 건물군이 있었던 곳은 현 전주완산경찰서, 구 국민은행 전주지점, 구 재향군인회관과 서편으로는 대한생명까지의 블록을 말합니다. 또 대한생명이 자리한 곳에는 선자청扇子廳이 있어 진상용 부채를 생산, 관리했습니다. 바로 인근 구 다가동 우체국 자리에 부채장인 한 사람이 선화청을 문을 열었으며, 최근 들어 구 전북도청 인근에 '전라감영'과 또 이의 상징인 '회화나무'란 이름을 활용한 문화공간이 개관해 눈길을 끌고 있습니다.

한편 현 완산경찰서 주차장이 있는 자리는 중영中營이, 전 전북도청 민원실 자리는 영청營廳이, 전 전북도청 주차장 중앙은 의국醫局이, 영선고營繕庫(감영의 유지, 관리를 위한 물자릴 조달하던 곳)는 풍년제과 중앙동 사거리 모퉁이에 있었으며, 심약당審藥堂(품목별 약재 관리하던 곳)은 바로 그 남쪽(구 유의원)자리이고, 검율당檢律堂(법률사무를 보던 곳), 인출방印出房(관인과 급사의 업무를 보던 곳), 진상청進上廳(중앙에 공납하던 물자를 관리하는 업무를 종합 시행하던 곳), 계서방啓書房(공무서 작성 및 보관소)은 구 전북도청 민원실부터 구 전북도 경찰청이 있었던 장소에 자리했다고 전합니다.

오목대 쉼터 당산나무

한옥마을 은행로에 600년 된 은행나무가 있다면 오목대에는 500년 세월을 한옥마을과 함께 한 느티나무가 있습니다. 오목대 탐방로에 우뚝 선 500년 된 느티나무는 전주 한옥마을의 안녕과 평화를 지켜온 당산나무입니다. 주민의 무병과 평온무사를 기원하는 당산제가 매년 음력 1월 15일 이곳에서 열립니다.

이와 관련하여 전해져 오는 이야기가 하나 있습니다. 옛날 앞을 보지 못하는 어머니와 귀가 들리지 않은 아버지와 우애가 좋은 남매가 살았습니다. 그들은 가난했지만 행복하게 살았는데 어느 해 가뭄이 심하게 들고 전염병이 창궐하였습니다. 어머니가 전염병에 걸렸고 어머니를 관청으로 보내야 하는데 앞을 보지 못하는 어머니를 보낼 수 없어 산속 깊숙이 모셔다 놓았고 아버지가 간호를 하게 되었습니다. 지극한 간호에도 결국 어머니가 죽고 그 어머니를 간호하던 아버지마저 전염병에 걸려 아들에게 병이 옮길까봐 숲속 깊숙이 도망갔습니다.

오목대 쉼터의 당산제

아버지를 찾기 위해 오빠가 길을 떠났는데 아버지를 찾아 헤매다가 산속에서 큰 눈을 만나 결국 얼어 죽고 말았습니다. 오빠가 죽은 줄도 모르고 나루터 언덕에서 오빠가 돌아오기를 오매불망 기다리던 동생마저 배고픔과 추위에 얼어 죽었는데 동생이 죽은 자리에 나무 한 그루가 자라났습니다. 마을 사람들은 그 나무가 죽은 동생이 오빠를 잊지 못해 저승으로 가지 못하고 나무로 태어났다고 믿어 정성을 다해 나무를 키웠고 정월 대보름에 나무 앞에 푸짐한 음식을 차려 놓고 연이의 넋을 달랬으며 마을의 안녕을 빌고 있습니다.

오빠를 기다리는 동생처럼 언덕 끝에 위치하여 한옥마을과 전주천을 굽어보는 형상으로 범상치 않은 모습으로, 한옥마을을 찾는 젊은 연인들이 사랑이 이루어지기를 소망하며 이곳 '500년 당산나무'를 찾고 있습니다.

경기전 회화나무

경기전 대나무   경기전 안의 노거수

경기전의 옛 지도를 보면 경기전 안에는 대나무를 비롯해 참느릅나무, 배롱나무, 비자나무, 잣나무, 매화나무, 호랑가시나무, 주엽나무, 측백나무, 상수리나무, 팽나무, 단풍나무, 사철나무 등 참으로 많은 나무들이 있었던 것으로 나타납니다, 이를 스토리를 만들어 이야기로, 작품으로 만들 수 있다면 참 좋겠습니다.

옛 지도에는 전주사고 앞 대나무와 소나무, 그리고 잡목 등이 표시됐습니다. 특히 외신문 앞에는 나무가 없지만 지금은 느티나무가 있으며, 수복청 북쪽 전사청의 뒤쪽에는 이름을 알 수 없는 나무들이 즐비

경기전 정문 옆 은행나무

하게 보입니다. 또 조경묘 주변엔 소나무와 대나무 등이 즐비하지만 예전에는 나무가 거의 보이지 않으며, 조경묘의 정전 건물인 정자작 안에는 나무가 없었음을 알 수 있게 합니다. 현재 이곳의 보호수로는 참죽나무, 은행나무가 9-1-1, 9-1-3-1로 지정됐습니다.

지정번호	위치	수종	수령	지정 일자
9-1	풍남동 3가 36-2(최씨종대 앞)	은행나무	580년	1982.9.20
9-1-1	풍남동 3가 91-3(경기전 담장 밖)	참죽나무	350년	1982.9.20
9-1-3	교동 1가 26-3(향교내 명륜당 앞)	은행나무	380년	1982.9.20
9-1-4	교동 1가 26-3(향교내 서무 앞)	은행나무	350년	1982.9.20
9-1-5	교동 1가 26-3(향교내 동무 앞)	은행나무	200여 년	1982.9.20
9-1-3-1	풍남동3가 100(경기전 정문 옆)	은행나무	250년	1982.9.20
9-1-7-1	교동 1가 26-3(향교내 서무 앞)	은행나무	250년	1982.9.20
9-1-7-2	교동 1가 26-3(향교내 서무 앞)	은행나무	250년	1982.9.20
9-1-1-1-1	중앙동 4가 1-2(구 도청 내)	회화나무	170여 년	1982.9.20
9-1-30	교동 산 65-67 (전주공예품전시장 주차장 위)	느티나무	500년	2015.11.13

보호수 지정 나무

경기전 관리사무실 동쪽으로 발길을 옮기면 250여 년 수령의 회화나무 한 그루를 만날 수 있습니다. 나무의 밑둥에서 위로 5m 부근에 두 갈레로 나누어지고, 흉고 부분은 외과 수술을 받았습니다. 하지만 10m까지 이끼가 끼어 발육이 좋지 않습니다.

경기전에는 누워서 잠을 자는 나무가 있으니 전주사고 방향에 있는 등 굽은 매화나무가 그런 모습입니다. 오랜 세월 경기전과 함께 동고동락하고 있는 이 매화나무는 봄에는 매화로, 여름이 오면 매실로 관광객을 맞이하고 있습니다.

이 매화나무는 유독 사진작가들의 사랑을 받는 나무 중 한 그루입니다. 하늘로 치솟았다가 땅으로 다시 내려오는 듯, 그러다가 다시 하늘로 치솟는 나무 모양이 마치 능굴능신하는 용의 형을 닮았기 때문입니다. 실제로, 마치 구름을 연상시키듯 나무 위를 덮고 잎들과 용의 뿔처럼 반대 방향으로 방향을 비튼 가지 끝은 누구도 본 적 없는 전설 속의 용을 연상시킵니다. 그래서 용매로 불리우고 있습니다.

이밖에 태실비 가는 쪽으로 상수리나무가 있고 동쪽 화장실 옆에는 측백나무와 주엽나무가 있습니다. 능소화는 일명 어사화라고 해서 문

경기전 용매

과에 장원 급제를 한 사람이 귀향길에 오를 때 말을 타고 머리의 관에 꽂던 꽃으로, 양반가에서만 심을 수 있어 '양반화'라고도 불리오고 있습니다. 경기전 능소화는 전북에서 가장 큰 것으로 알려져 있으며, 경기전 진전 앞에는 배롱나무가 자리하고 있습니다.

이제야 세월에 멍든 가슴 한편에 삼켜야 했던 고인 눈물을 흐르는 바람에 띄우렵니다. 반짝이는 햇살에 내 모습이 초라해 보여도 가슴으로 함께 웃어주는 순수한 사람들과 바람이 참 좋은 오늘, 그 길을 나란히 걷고 싶습니다. 좋은 사람들과 도란도란 담소나면서 즐거운 오늘이소서 오늘이소서.